9 788194 295778

Printed at Repro India Ltd.

گل بوٹے سلور جوبلی سیریز

سیر و سیاحت
مہاراشٹر کی درسی کتابوں میں سفرنامے

مرتب

ڈاکٹر ناصر الدین انصار

محرّک

فاروق سیّد، مدیر گل بوٹے

سیر و سیاحت : مہاراشٹر کی درسی کتابوں میں سفرنامے

مرتب : ڈاکٹر ناصر الدین انصار

محرک : فاروق سیّد

ناشر : گُل بوٹے پبلی کیشنز، ممبئی

بسلسلۂ گُل بوٹے سِلوَر جوبلی جشن - ستمبر 2019ء

کمپوزنگ : یسریٰ گرافکس، پونہ

سرورق : ریحان کوثر، کامٹی

ملنے کے لیے رابطہ : 09867169383(کوثر احمد)
09892461465(محمد شریف)

ISBN: 978-81-942957-7-8

Sair-o-Siyaahat

Compiler: Dr. Nasiruddin Ansar

Motivator: Farooque Sayyed

Publisher: Gul Bootey Publications, Mumbai

Commemorating Gul Bootey Silver Jubilee Celebration - Sept. 2019

انتساب

اپنے مرحوم ابّا

حسین صاحب

اور

اپنی مرحومہ امّی

زیتون حسین

کے نام

جن کی محبتیں اور تربیت

میری کامیابی کی ضامن ہیں۔

منجانب

محمد ابراہیم حسین لکشمیشور

عرضِ ناشر

پیارے بچو!

السلام علیکم و رحمۃ اللہ!

آج کا دن اور یہ خوب صورت موقع ہمارے لیے کسی انمول تحفے سے کم نہیں۔ آج ہمارا پسندیدہ رسالہ ماہنامہ 'گل بوٹے' ممبئی اپنی تاسیس کے پچیس سال مکمل کر رہا ہے۔ اس پرمسرّت موقع پر ہم اللہ ربّ العزت کی بارگاہ میں نذرانۂ تشکر پیش کرتے ہیں جس نے ہمیں یہ مبارک دن دِکھایا۔'گل بوٹے' کی اشاعت کے پچیس برس مکمل ہونے پر ہم اپنے ان تمام ننھے ساتھیوں کو دلی مبارکباد پیش کرتے ہیں جو اپنے پسندیدہ رسالے سے ابتدا ہی سے جڑے رہے۔ جنھوں نے گل بوٹے کو اپنا رسالہ سمجھا، اس کا ہر مہینے بڑی شدت سے انتظار کیا، اسے پابندی سے خریدا، اس کے خوب صورت مشمولات کو پسند کیا، اس کی قیمتی باتوں کو ذہن نشین کرکے ان پر عمل کیا۔ ان تمام ساتھیوں کو بھی مبارکباد جو گل بوٹے کی ترویج و ترقی اور اسے گھر گھر پہنچانے میں ہمیشہ کوشاں رہے، اس کی ترتیب و اشاعت میں اپنے قیمتی مشوروں سے نوازا، مشکل ترین حالات میں اپنی توجہ اور تعاون سے گل بوٹے کے کم سواد مدیر کی ڈھارس بندھائی، گل بوٹے ٹیم کی کوششوں کو سراہتے ہوئے ان کی حوصلہ افزائی کی، گل بوٹے کے ساتھ سفر کرتے ہوئے اپنے بچپن کو لڑکپن اور لڑکپن کو نوجوانی میں تبدیل کیا۔ آج کا دن ان تمام ننھے فرشتوں اور نوجوان دوستوں کے لیے نویدِ جاں فزا لے کر آیا ہے اور آج یہی تمام ساتھی مبارکباد کے مستحق ہیں۔ آپ تمام کو کامیابی و کامرانی کے یہ پُرمسرّت لمحات بہت بہت مبارک ہوں!

عزیز ساتھیو! ہمارے ملک میں بچوں کے رسائل کی تاریخ درخشاں رہی ہے۔ ایک زمانہ تھا جب ملک کے مختلف شہروں سے بڑی تعداد میں بچوں کے رسائل نکلتے تھے۔ آج بھی قدرے کم تعداد میں سہی لیکن بچوں کے رسائل برابر نکل رہے ہیں۔ ممبئی جیسے اُردو آبادی والے بڑے شہر سے ایک عرصے سے بچوں کے ایک معیاری رسالے کی ضرورت محسوس کی جاتی تھی۔ اللہ کا شکر ہے کہ اس نے ہمیں توفیق بخشی اور ہم نے اللہ کا نام لے کر تن تنہا اس راہ پر قدم بڑھایا اور دیکھتے ہی دیکھتے گل بوٹے کے تئیں ہمارے جنون نے پچیس بہاریں مکمل کرلیں۔ اگر چہ زمانے کی نظر میں پچیس برس کوئی بڑی مدت نہیں ہوتی لیکن کسی رسالے کے لیے اور وہ بھی اُردو زبان میں بچوں کے رسالے کے لیے یہ ایک بہت بڑی مدت ہے۔ یہ ایک ایسی مدت ہے جسے کسی جنون یا دیوانگی کے سہارے ہی پورا کیا جاسکتا ہے۔ ان پچیس برسوں میں گل بوٹے نے ترقی کے کئی رنگ دیکھے۔ پہلے پہل اسے سادے کاغذ پر یک رنگی شائع کیا گیا۔ پھر پرنٹ میڈیا میں آئے انقلابات پر لبیک کہتے ہوئے آرٹ پیپر اور مکمل رنگینی کو اپنایا۔ اِس دوران گل بوٹے زمانے کے شانہ بہ شانہ چلتا رہا لیکن اس نے تعلیمی، اخلاقی اور تہذیبی رہنمائی کے اپنے مشن سے صرفِ نظر نہیں کیا بلکہ فکری طور پر پوری قوت سے اپنے مشن پر ہمیشہ گامزن رہا۔

ہمیں اس حقیقت کا اظہار کرتے ہوئے بڑی مسرت ہورہی ہے کہ جیسے ہی ہم اپنی تاسیس کے پچیسویں سال کی طرف بڑھ رہے تھے، ہم گل بوٹے کی سلور جوبلی کچھ منفرد انداز میں منانے کا سوچ رہے تھے اور جلد ہی ہم نے یہ عزم کیا کہ گل بوٹے کی پچیسویں سالگرہ پر ہم بچوں کے ادب کو نادر موضوعات پر پچیس کتابوں کا تحفہ دیں گے۔ الحمد للہ! ثم الحمد للہ! ہمیں خوشی ہورہی ہے کہ اللہ تعالیٰ نے ہمارے اِس عزم کی لاج رکھ لی اور ہم آج مختلف موضوعات پر پچیس کتابیں شائع کرنے میں کامیاب ہوئے ہیں۔ بچوں کے ادیبوں کی ڈائرکٹری الگ۔

بچوں کے ادب پر یہ پچیس کتابیں گل بوٹے کے ادارۂ تحریر کے رفقا یعنی ٹیم گل بوٹے کی محنتوں کا ثمرہ ہے۔ ان کتابوں میں ٹیم گل بوٹے نے ان تمام موضوعات کو سمیٹنے کی کامیاب

کوشش کی ہے جو اُردو میں بچوں کے ادب کے زرّیں عہد کے گواہ ہیں۔ یہ وہ موضوعات ہیں جو اَب نایاب نہیں تو کمیاب ضرور ہیں البتہ یہ بھی حقیقت ہے کہ آج کسی ایک جگہ دستیاب نہیں۔ ٹیم گل بوٹے نے موضوعات کے انتخاب سے لے کر کتاب کی ترتیب و تدوین تک جس محنت ِشاقہ کا ثبوت فراہم کیا ہے اس کے لیے میں بحیثیت مدیر اور ناشر تمام مرتبین کا شکرگزار ہوں۔ ناسپاسی ہوگی اگر اس موقع پر اپنے عزیز دوست اور بال بھارتی پونہ کے اُردو افسر خان نوید الحق انعام الحق صاحب کا شکریہ ادا نہ کروں جن کی کرشماتی شخصیت نے کتابوں کی ترتیب سے لے کر سلور جوبلی تقریبات کے انعقاد تک ہر مشکل مرحلے میں میرے کندھے سے کندھا ملا کر کام کیا۔ ہر مرحلے پر ثابت قدمی دِکھاتے ہوئے کام کی پہل کی، اپنے وسیع تجربات کی روشنی میں کٹھن مراحل کو آسان بنا دیا اور اپنے آپ کو دامے درمے سخنے کلی طور پر اس کام کے لیے وقف کر دیا۔ ان احسانات کو صرف محسوس کیا جاسکتا ہے۔ زیرِ مطالعہ کتاب ُسیر و سیاحت : مہاراشٹر کی درسی کتابوں میں سفرنامہٗ جناب ڈاکٹر ناصرالدین انصار نے مرتب کی ہے۔ آپ نے حتی الامکان اسے خوب سے خوب تر بنانے کی کوشش کی ہے اس لیے ادارہ گل بوٹے جناب ڈاکٹر ناصرالدین انصار کا دل کی گہرائیوں سے شکریہ ادا کرتا ہے۔

آپ کے اپنے ماہنامے ُگل بوٹےٗ کے جشنِ سیمیں کے موقع پر ہم ان تمام قلمکاروں، مراسلہ نگاروں اور قارئین کا شکریہ ادا کرتے ہیں جنھوں نے گزشتہ ربع صدی کے دوران ہر مرحلے پر ہمارا تعاون کر کے حوصلہ بڑھایا ہے۔ ہمیں اُمید ہے کہ بچوں کے ادب پر یہ پچیس کتابیں آج کے حالات میں ادبِ اطفال کی راہ متعین کرنے میں مشعلِ راہ ثابت ہوں گی۔ آپ کی گرانقدر آرا کا ہمیں انتظار رہے گا۔

والسلام

فاروق سیّد

مشمولات

عرضِ مرتّب

اردو زبان کی جدید نثری اصناف میں ُسفر نامے‘ کو غیر معمولی مقبولیت اور ہر دل عزیزی حاصل ہے۔صنفِ سفرنامے کی دلکشی اور محبوبیت کا راز یہ ہے کہ اس کے مطالعے سے قاری کو بیک وقت داستان جیسی حیرت ،افسانے جیسی لذت اور آپ بیتی جیسا مزا حاصل ہوتا ہے۔گویا سفرنامے کے موضوعات کی وسعت قاری کو ایک ہی وقت میں تین اصناف کا لطف و انبساط مہیا کرواتی ہے۔ یہی وجہ ہے کہ انیسویں صدی کے وسط میں اردو سفرنامے کی ابتدا ہی سے اس کی مقبولیت ومحبوبیت بتدریج بڑھتی چلی گئی اور آج یہ اردو کی مقبول ترین صنفِ ادب کا درجہ رکھتی ہے۔

درحقیقت انسان ہمیشہ سے نئی منزلوں کو سر کرنے اور نئی دنیاؤں کی سیر کرنے کا آرزو مند رہا ہے۔ انسان کی فطری خواہش ہوتی ہے کہ وہ ایک جگہ سے دوسری جگہ سیروسیاحت کے لیے سفر کرے،فطرت کے دلنشین مناظر، دریا، پہاڑ، حسین وادیاں ،خوبصورت جھیلیں اور سرسبز و شاداب میدانوں سے گزر کر قدرت کی نیرنگیوں سے لطف اندوز ہو۔وہیں وہ یہ خواہش بھی رکھتا ہے کہ عجائباتِ قدرت کے ساتھ ساتھ وہ انسانی عجائبات ،فلک بوس عمارتوں اور سائنسی فتوحات کا بھی نظارہ کرے۔ اپنی انھی خواہشات کی تکمیل کے لیے وہ آمادۂ سفر ہوتا ہے۔ جب کوئی قلم کا دھنی شخص کسی مقام کا سفر کرتا ہے تو اپنے مشاہدات وتجربات میں اپنے قاری کو بھی شریک کرنے کا تہیہ کیے رہتا ہے اور اس طرح اپنے سفر کے خاتمے پر اپنے دلی جذبات و احساسات پر مشتمل ایک خوبصورت تحفہ اپنے قارئین کی خدمت میں پیش کرتا ہے۔

سفرنامہ اپنے عہد کا آئینہ ہوتا ہے۔ یہ تہذیبی، سماجی، مذہبی، سیاسی، اقتصادی

اور جغرافیائی حالات کی عکاسی کا بہترین ذریعہ ثابت ہوتا ہے۔قوموں وملکوں کے حالات و کوائف سے واقفیت کا نہایت معتبر ذریعہ ہوتا ہے۔سفرنامے سے نہ صرف معلومات کا حصول ممکن ہوتا ہے بلکہ قوموں اور ملکوں کے مزاج کو سمجھنے میں بھی مدد ملتی ہے۔ سفرنامے میں پیش کردہ کسی ملک کے سماجی، تعلیمی، تہذیبی اور تجارتی امور کے جائزے سے دوسرے لوگ بھی استفادہ کرتے ہیں اور اپنی ترقی وسربلندی کی راہیں بھی تلاش کرنے میں کامیابی حاصل کرتے ہیں۔ اس طرح سفرناموں کے سبب دنیا کے اجتماعی، علمی و تہذیبی سرمایے میں اضافہ ہوتا ہے۔تہذیبی وتجارتی لین دین کی راہیں کھلتی ہیں، تعلیمی، ادبی وعلمی ترقیوں میں اضافہ ہوتا ہے نیز مختلف رنگ ونسل پر مشتمل انسانوں کے یکساں مسائل حیات کا ادراک ہوتا ہے۔نتیجتاً آپسی محبت و یگانگت، اپنائیت، انسانیت اور احترام آدمیت کے جذبات پروان چڑھتے ہیں۔

سفرنامے اپنے اندر بے پناہ دلکشی رکھتے ہیں۔ان میں قاری کے لیے مقاماتِ سفر سے روایتی واقفیت کے ساتھ ساتھ کیفیتِ سفر سے تعارف کی صلاحیت بھی موجود ہوتی ہے۔ دراصل کیفیتِ سفر کا حسن بے بہا ہی کسی سفرنامے کو زندہ جاوید بناتا ہے۔ یہاں زبان و بیان کی شگفتگی، مناظرِ فطرت کی تصویرکشی اور جذبات واحساسات کی وارفتگی، رودادِ سفر کو اس قدر دلکش بناتے ہیں کہ قاری کا دل و دماغ مسحور ہوجاتا ہے اور یہیں سے سفرنامے کا رشتہ ادب سے استوار ہوتا ہے۔اب سفرنامے میں بجاطور پر داستان کی حیرت انگیزی بھی محسوس ہوتی ہے تو افسانے کی لذت اور آپ بیتی کا مزا بھی ہر لمحہ جلوہ گر ہوتا ہے۔

انسانی زندگی میں جس طرح سفر کی اہمیت ہے اسی طرح اردو ادب میں سفرنامے کی اہمیت بھی مسلم ہے۔سفر چاہے جس مقصد سے کیا جائے، اس کے تجربات ومشاہدات سے انسان جس طرح فائدہ اٹھاتا ہے اسی طرح سفرنامہ پڑھ کر وہ گھر بیٹھے دنیا جہان کی سیر کرتا ہے۔اس پر مستزاد سفرنامہ نگار کے دلکش اسلوب نگارش، شگفتہ تحریر اور زبان و بیان کی لذت وحلاوت سے لطف اندوز بھی ہوتا ہے۔سیر وسیاحت اور سفر انسان کے فکر ونظر میں

وسعت پیدا کرتے ہیں اور سفرنامے کے توسط سے فکرونظر کی یہ وسعت قاری کے حصے میں بھی آتی ہے۔

سفرنامے اپنی ان ہی متنوع خوبیوں کے باعث ہر عمر اور مختلف ذوقِ مزاج کے قاری کی پہلی پسند ہوتے ہیں۔ چونکہ بچے ہر قسم کی سیر وسیاحت کی روداد، مقاماتِ سفر سے واقفیت اور مناظر فطرت کے بیان میں قدرے زیادہ دلچسپی لیتے ہیں اس لیے بچوں کے رسائل ہوں یا ان کی درسی کتابیں، ہر جگہ سفرنامے کی موجودگی ضروری سمجھی جاتی ہے۔ مہاراشٹر میں درسی کتابوں کی ترتیب و تدوین کے ریاستی ادارے بال بھارتی نے بھی اپنی پہلی تا بارہویں جماعت کی اردو مضمون کی ہر درسی کتاب میں سفرناموں کی شمولیت کو ہمیشہ مقدم رکھا ہے۔ یہی وجہ ہے کہ بال بھارتی کی درسی کتابیں اپنے معیار کے ساتھ ساتھ موضوعات و مشمولات کی دلچسپی بھی لیے ہوتی ہیں۔

مقامِ مسرت ہے کہ ادارۂ گل بوٹے نے درسی کتابوں میں شامل تمام سفرناموں کو شائع کرنے کا منصوبہ بنایا ہے۔ اس اقدام سے مختلف اوقات شائع شدہ وہ تمام سفرنامے یکجا ہوجائیں گے جو گزشتہ پچاس برسوں میں بال بھارتی کی درسی کتابوں کا حصہ بنے تھے۔ اس طرح سفرناموں پر ایک ایسی نادر کتاب تیار ہوگی جسے ہر عمر کا قاری پسند کرے گا۔ یہاں ہم نے ان تمام سفرناموں کو اسی ترتیب سے رکھا ہے جس ترتیب و توقیت کے ساتھ وہ ادارۂ بال بھارتی کی درسی کتابوں میں شائع ہوئے ہیں۔ اس خوبصورت پہل کے لیے ہم ادارۂ گل بوٹے کی خدمت میں ہدیۂ تحسین و تبریک پیش کرتے ہیں۔

ڈاکٹر ناصر الدین انصار

جمیل کالونی،
ولگاؤں روڈ، امراوتی
M.: 9423130404
nasiruddinansar778@gmail.com

سفرِ فرانس

قاضی عبدالغفار

انگلستان آتے ہوئے ہم نے انگلش چینل میں موسم اچھا پایا تھا حالانکہ بہت کم ایسا ہوتا ہے کہ ساحل فرانس سے ساحل انگلستان تک آنے میں سمندر کے طلاطم سے دو چار ہونا نہ پڑے۔ گویہ سفر ایک دو گھنٹے سے زیادہ کا نہیں لیکن اسٹیمر چھوٹے اور ہلکے ہوتے ہیں۔ علاوہ بریں سمندر ہمیشہ کم و بیش متلاطم رہتا ہے۔ اسٹیمر بہت زیادہ ہچکولے کھاتا ہے اور مسافروں کی طبیعت بدمزہ ہو جاتی ہے۔ گو کسی سمندر کے سفر میں جہاز کی حرکت اور پانی کے طلاطم سے بد مزہ نہیں ہوتا نہ کبھی متلی ہوتی ہے نہ قے آتی ہے مگر واپسی کے وقت انگلستان کے ساحل سے فرانس کے ساحل تک پہنچنا دوبھر ہو گیا۔ سمندر کی موجیں اسٹیمر کے بالائی عرشے تک آتی تھیں اور اسٹیمر کا یہ حال تھا کہ بری طرح ہچکولے کھا رہا تھا۔ دوپہر کا کھانا حلق سے اتارنا مشکل ہو گیا۔ رکابیاں میز پر ٹھہرنے سے قطعی انکار کرتی تھیں اور میں نے تو سمندر کا ایک ایسا طمانچہ کھایا کہ عمر بھر یاد رہے گا۔

ہم اپنے چھوٹے بیگ اور کمبل وغیرہ اوپر عرشے پر چھوڑ آئے تھے۔ میں کھانا کھانے کے بعد اس خیال سے اوپر گیا کہ اپنا چھوٹا بیگ اٹھا لاؤں اور ذرا سمندر کے تلاطم کا لطف بھی دیکھوں مگر عرشے پر پہلا ہی قدم رکھا تھا کہ ایک موج زور سے آ کر ٹکرائی، میں وہیں گر گیا اور اگر دو چار قدم اور آگے بڑھا ہوتا تو تعجب نہ تھا کہ وہ موج مجھے کھینچ کر سمندر میں لے جاتی اس صورت میں دنیا کی آبادی تو کچھ کم نہ ہوتی مگر یہ اوراق شروع سے آخر

تک سادہ رہ جاتے۔

ہم نے اپنے پروگرام میں ایک ہفتہ پیرس کے لیے رکھا تھا۔ یہ ہفتہ اس طرح گزرا کہ گزرتا ہوا معلوم بھی نہ ہوا۔لندن کے بعد یہ تیس لاکھ کی آبادی اور اس کی نسبت سے شہر کی عمارتوں اور بازاروں کی چہل پہل ہمارے لیے کوئی بڑی عجیب بات نہ تھی۔تاہم برطانوی دارالسلطنت کی تاریکی اور سردی سے نکل کر پیرس کی آب و ہوا بیحد خوشگوار معلوم ہوئی۔ یا لندن کی سربفلک عمارتیں ہیں کہ یہ معلوم ہوتا ہے کہ ابھی ابھی شاہراہ پر چلنے والوں کو چاروں طرف سے گھیر کر کچل دیں گی یا پیرس کے خوبصورت بازار اور محلّے ہیں کہ وہ اتنے کشادہ بھی نہ ہوں مگر صاف اور ستھرے ہیں۔ اس 'جنت نگاہ' میں برطانوی اور فرانسیسی قوموں کا فرق صاف نظر آتا تھا۔ نہ صرف عمارتیں اور شہر کی دلچسپیاں بلکہ فرانسیسی اخلاق بھی ایک بالکل دوسری چیز ہے۔ مجھے تو یہ محسوس ہوا کہ اگر یورپ میں کوئی قوم ہے جو بہ لحاظ فطری مذاق کے ایشیا سے کچھ ربط رکھ سکتی ہے تو وہ فرانسیسی قوم ہے۔ تصنع نہیں ہے، مصائب اور محاسن دونوں صاف نظر آتے ہیں۔عیبوں پر اس غرض سے ملمع نہیں کیا جاتا کہ وہ ہنر معلوم ہوں۔سچائی اور خوش اخلاقی بے لاگ ہے۔ ہر عیب وصواب سب بے پردہ ہے۔ برا کہیے یا اچھا، شاید یورپ کی تمام دوسری اقوام اس خصوصیت سے محروم ہیں۔ شام کو بگوارد پر چہل قدمی کیجیے یا تولریز کا نظارہ دیکھیے یا شب کو اوپرا میں یا فائز میں جائیے، وہی بے تکلفی اور رسم وراہ کی آزادی نظر آئے گی جو معصیت سے تو پاک نہیں مگر مکر سے پاک ہے۔مومارٹ میں تھوڑا وقت گزاریے تو انسانیت کے عجیب عجیب نمونے نظر آئیں گے۔ یہ مقام رسم ورواج کی آزادیوں کا ایک حیرت انگیز نمونہ ہے۔ ایک ایشیا نژاد جب سورج کی روشنی میں مردوں اور عورتوں کی بے تکلفیوں کو سرِ راہ دیکھتا ہے تو ایک سرسری نظر کے بعد اس کا دل اس سے پوچھتا ہے کہ اگر بد اخلاقیاں اور عیش پرستیاں قوموں کی تباہی کا بڑا سبب ہوتی ہیں تو پھر یورپ کیوں زندہ ہے۔ پیرس میں دو ہی قسم کے لوگ زندہ رہ سکتے ہیں۔ یا تو وہ جوان چیزوں کے عیب وصواب پر غور کرنے کی حدود سے آگے نِکل

گئے ہوں یا وہ جو فلسفیانہ نظر سے ان تماشوں کو دیکھ سکیں۔

آج تک ہندوستان میں ایسے لوگ موجود ہیں جو ترکوں کی بداخلاقی کو ان کی تباہی کا باعث بتاتے ہیں۔ شاید سچ ہو مگر کسی فرانسیسی کے سامنے ایسا نہ کہیے گا۔ میرا تو یہ حال تھا کہ تخیل دو چیزوں میں الجھا ہوا تھا۔ دن میں شہر کے اکثر مقامات دیکھتا تھا جہاں گذشتہ جنگ کے خوفناک نقش ونگار ابھی تک موجود ہیں۔ لوگوں کے گرنے کے نشان ،ٹوٹی ہوئی عمارتیں، گری ہوئی دیواریں۔ میرا رہ نما ہر چیز کو ٹھہر ٹھہر کر دکھاتا تھا۔ یہ کب ہوا، کیسے ہوا، جب جرمنوں کا گولہ گرا تو اس محلے کا کیا حال تھا؟ کتنے آدمی مارے گئے تھے، کتنے زخمی ہوئے تھے! غرض ساری تفصیل بتاتا تھا۔ مگر شام کو بازاروں میں اور سر راہ رقص و سرود کے ہنگامے کچھ ایسے ہوتے تھے کہ گویا اس شہر میں کبھی کوئی مصیبت ہی نہ آئی تھی۔ ہر شخص کا ایک قدم (کم ازکم) بالکل بہشت کی چوکھٹ پر اور دوسرا قدم دنیا میں! یہ عالم میرے لیے ایک معمہ تھا! انسان کس قدر جلد مصیبتوں کو بھولتا ہے اور ہمارے ایشیا میں جس چیز کو عبرت کہتے ہیں، وہ کیا ہے۔ کچھ ہے یا محض ڈھکوسلا ہے۔ اس ہنگامۂ عیش میں سارا پیرس اور فرانس کی شہری آبادی غرق ہے۔

گو کہ فرانسیسی قوم کا شمار جنگجو اقوام میں نہیں ہے، تاہم قومی شجاعت کے نشانات ہم کو ہر جگہ نظر آئے۔ نپولین کا نام تو پیرس کے در و دیوار پر موجود ہے۔ کہیں کوئی کتبہ لگا ہوا ہے، کہیں نپولین کے نام کا فوارہ نصب ہے۔ کہیں بڑے بڑے مینار اور دروازے بنائے گئے ہیں جن پر نپولینؔ کی فتوحات کے مختلف مرقعے نقش ہیں۔ خود نپولین کا بنایا ہوا مینار واندرؔم کالم اپنی قسم کی ایک ہی چیز ہے۔ کہا جاتا ہے کہ نپولینؔ نے بارہ سو ۱۲۰۰ توپوں کو جو وہ دشمن سے چھین کر لایا تھا، گلایا اور اس کے لوہے سے یہ ۱۴۲ فٹ اونچا مینار بنایا گیا جس کے اوپر خود نپولین کا ایک مجسمہ نصب ہے۔ ایک فوارہ ’’فاؤنٹین دی لادکتور‘‘ بھی فرانسیسی صناعی اور اس سے زیادہ فرانسیسی تخیل کا ایک اچھا نمونہ ہے۔ اس کو نپولین اوّل نے اپنی فتوحات کی یادگار کے طور پر بنایا تھا۔ فوارے کی وضع یہ ہے کہ چار مجسموں پر فوارہ کا طشت

رکھا ہوا ہے۔ ہر مجسمہ حکومت کی ایک خاص صنعت کا مظہر ہے۔ ایک وفاداری کی تصویر ہے، دوسرا باخبری کا مرقع ہے، تیسرا انصاف کا بت ہے، چوتھا طاقت کا دیوتا ہے۔ ان سب سے اوپر ''فتح'' کا ایک انسانی تخیل مجسمہ کی صورت میں نصب ہے۔ ۱۹۱۴ء کے بعد اب اگر تہذیبِ جدید کی یادگار قائم کرنی ہو تو اس فوارہ کو پانچ مجسموں کی ضرورت نہیں صرف دو ۲ کافی ہیں۔ نیچے طاقت کا دیوتا اور اوپر فتح کا ایک پیالہ، جس سے خون کا فوارہ چل رہا ہو۔

پیرس کے نواح میں وارسائی ایک مشہور مقام ہے جس کی گزشتہ تاریخ نے مجھے بھی دعوتِ نظارہ دی۔ پیرس سے وہاں تک موٹر میں گیا۔ بلحاظ قدرتی خوبصورتی، شادابی اور سبزے کے میں نے سوئٹزرلینڈ کے سوا اور کہیں اس قدر خوبصورت سڑک نہیں دیکھی۔ میلوں تک یہ معلوم ہوتا تھا کہ ایک سرسبز باغ ہے جو پھولوں سے لدا ہوا ہے۔ وارسائی کی تاریخی عظمت کا سب سے بڑا سبب (میری نظر میں) یہ ہے کہ اسی کے رقبے کے سے سب سے پہلے انقلابِ فرانس کا شعلہ بلند ہوا تھا اور وہ تلواریں سب سے پہلے وہیں بے نیام ہوئی تھیں جنھوں نے استبداد کے زہریلے درخت کو سرزمین فرانس سے کاٹ کر پھینک دیا۔ اس وقت سب سے زیادہ قابل دید شاہی محل سمجھا جاتا ہے جس کو انقلاب کے بعد کوئی ایسا مکیں میسر نہ آیا جس کے سر پر تاج ہوتا اور اب تو سوائے ایک دو بوڑھے دربانوں کے جو آنے جانے والوں کو عمارت کی سیر کرادیتے ہیں اور اس بہانے سے ان کی روٹیاں چلتی ہیں، اس شاہی محل کے در و دیوار خاموش ہیں جس کی تعمیر و آرائش میں ۱۵ کروڑ صرف ہوا تھا۔ ایک قبرستان ہے جس کی ایک ایک اینٹ میں فرانسیسی تاجداروں کی بلند اقبالی دفن ہے۔

محل کے اکثر کمرے اسی حالت میں رکھے گئے ہیں جو حالت شاہ لوئی چہارم کے زمانے میں تھی۔ اس عہد کا مورخ کہتا ہے کہ وارسائی کا محل حسن و رعنائی کا ایک نگار خانہ تھا اور آج بھی بہت سے ایسے نقوش وہاں نظر آتے ہیں۔ تصویریں، قالین اور بہت سی ایسی چیزیں اپنے گزرے ہوئے مالکوں کی قدردانی کی یادگار موجود ہیں۔ عمارت کے ایک

حصے میں تقریباً تمام شاہانِ فرانس کی تصاویر آویزاں ہیں۔ یونان و روم کے تمام دیوتاؤں کے مجسمے، صناعوں کے تخیل کے بہترین نمونے، بلا مبالغہ تعداد میں اتنے ہی ہیں جتنے کہ اس باغ میں درخت ہیں وہ سب مصور کی صنعت اور انسانی حسن کا ایک ویران خانہ ہے جس کے درو دیوار نے شاہانِ فرانس کی عیش پرستیوں کے کیسے کیسے ہنگامے دیکھے ہوں گے۔ ہم ہندوستان میں ایک جانِ عالم واجد علی شاہ اور محمد شاہ پیا کی بزم آرائیوں پر انگلیاں اٹھاتے ہیں وہاں کتنے ہی جانِ عالم اور پیا گذر گئے ہیں اور آج ہر شخص بجائے خود ''جان عالم'' اور ''پیا'' ہے۔ شاید فرانس کی سیاسی آزادیوں کا یہ بھی ایک اقتضا تھا کہ جب بادشاہوں کی استبدادیت کا قلع قمع کیا گیا تو ان کے حقوقِ شاہانہ جس میں تعیش بھی شامل ہے ان سے چھین کر عامۃ النّاس کے اندر بدرجہ مساوی تقسیم کر دیے گئے تاکہ اس جمہوریت میں ہر شخص بادشاہ ہو۔

جب ۱۸۷۰ء میں جرمن اور فرانس کی لڑائی ہوئی تھی اور جرمن فوج نے پیرس کا محاصرہ کرلیا تھا تو اسی محل میں جرمن شاہزادے اور افسر مقیم تھے۔ یہ واقعہ بھی عبرت آموز ہے کہ تیس برس سے جس محل میں جرمن افسروں نے فاتح کی حیثیت سے قیام کیا تھا، اسی محل میں گزشتہ جنگ یورپ کے بعد ۱۹۱۹ء میں جرمنوں نے مغلوب و پسا ہو کر صلحنامہ پر دستخط کیے تھے۔ وہی ایک محل ہے جس میں فاتح بھی آئے اور مفتوح بھی، جو کل غالب تھا آج مغلوب ہو کر آیا اور معلوم نہیں کل پھر کیا ہوتا ہے۔ اینٹ اور پتھر کی یہ دیواریں کیا کیا تماشا دیکھتی ہیں۔

ملیشیا کا سفر

مولانا وحید الدین خان

جولائی ۱۹۸۴ء میں مجھے ایک عالمی سیمینار میں مقالہ پڑھنے کے لیے کوالالمپور بلایا گیا۔ اس سیمینار میں شرکت کی غرض سے میں ۲۳ جولائی ۱۹۸۴ء کو صبح دو بجے دہلی سے روانہ ہوا۔

کوالالمپور جانے کے لیے مجھے پہلے بینکاک جانا تھا۔ دہلی سے پرواز کیے ہوئے ابھی چند گھنٹے ہی گزرے تھے کہ میرا جہاز بینکاک کے ہوائی اڈے پر اتر پڑا۔ وہاں سے کوالالمپور کے لیے مجھے دوسرا جہاز پکڑنا تھا۔ میں بینکاک ہوائی اڈے کے ایک کاؤنٹر پر گیا تاکہ اگلی فلائٹ کے لیے کارڈ حاصل کرسکوں۔ کاؤنٹر پر کھڑی ہوئی خاتون نے میرا ٹکٹ لیا اور کمپیوٹر کی چند گنتیوں پر انگلی ماری۔ اچانک میرے ٹکٹ اور ریزرویشن کی پوری تفصیل اسکرین پر آگئی۔ موجودہ زمانہ میں کمپیوٹر نے جو انقلاب برپا کیا ہے یہ اس کی ایک چھوٹی سی مثال ہے۔ تھوڑی دیر بعد دوسرے جہاز سے کوالالمپور کے لیے روانہ ہوا۔

دورانِ پرواز ایئر ہوسٹس ناشتے کے لیے مختلف چیزیں پہیوں والی میز پر رکھ کر لے آئی۔ ان میں سے مجھے اپنے لیے انتخاب کرنا تھا۔ میں نے دیکھا اس میں زیادہ تر گوشت کی چیزیں تھیں یا مغربی طرز کے کھانے تھے۔ گوشت کے ساتھ حلال کا مسئلہ تھا اور مغربی کھانے میرے ذوق کے مطابق نہیں تھے۔ میز کی ایک طرف چاول نظر آئے۔ میں نے کہا ''یہ چاول دے دو۔'' ایئر ہوسٹس نے کہا ''یہ ہیم چاول ہے۔ کیا آپ ہیم کھاتے

ہیں؟'' میں نے کہا ''نہیں!'' میں پریشان تھا کہ اگر چاول بھی ہیم (لحم خنزیر) سے محفوظ نہیں تو آخر کیا چیز ہے جسے کھایا جائے۔ نتیجہ یہ ہوا کہ کچھ بھی نہ کھا سکا۔

جہاز میں مجھے انگریزی اخبار 'بینکاک پوسٹ' پڑھنے کو ملا۔ عجیب اتفاق ہے کہ اس اخبار کے صفحہ اول کی پہلی سرخی ایک جہاز کی تباہی کی تھی۔ یہ جہاز تھائی حکومت کے اعلی افسروں کو لیے اڑ رہا تھا۔ وہ ہوائی اڈے سے صرف بارہ کلومیٹر کے فاصلے پر تھا کہ کنٹرول ٹاور والوں کو اس کا پیغام ملا کہ ہمارے انجن میں خرابی آ گئی ہے اور مجبوراً ہم دھان کے کھیت میں جہاز اتار رہے ہیں۔ اس کے بعد اچانک پیغام آنا بند ہو گیا۔ جہاز کھیت میں اتر رہا تھا کہ ٹکرا کر تباہ ہو گیا۔ یہ خبر میں نے ایسی حالت میں پڑھی کہ میں خود بھی ایک جہاز میں بیٹھا فضا میں اڑ رہا تھا۔ ایسا محسوس ہوا کہ جیسے یہ حادثہ خود میرے ساتھ گزر رہا ہو۔ زندگی اور موت ایک دوسرے کے بالکل قریب نظر آئیں۔ زمینی سواری میں اگر خرابی آ جائے تو اسے ٹھہرا کر درست کیا جا سکتا ہے۔ آپ ہوائی جہاز کو فضا میں نہیں ٹھہرا سکتے۔

موجودہ دور میں دور دراز ملکوں کا سفر کتنا آسان ہو گیا ہے۔ ابھی صبح دو بجے دہلی سے میں روانہ ہوا تھا اور ابھی دو پہر بھی نہ ہونے پائی تھی کہ کوالالمپور پہنچ گیا۔ کوالالمپور ہوائی اڈے سے باہر نکل کر ہم لوگ بازار سے گزرے۔ سڑک کے دونوں طرف دکانوں پر ایسے سائن بورڈ لگے ہوئے دکھائی دیے جن پر انگریزی کے ساتھ ساتھ چینی زبان میں بھی دکان کا نام لکھا گیا تھا۔ میلوں تک یہی منظر تھا۔ میرے ساتھی نے بتایا کہ جن جن بورڈوں پر چینی حروف میں لکھا ہوا ہے وہ چینیوں کی دکانیں ہیں۔ میں نے دیکھا تو اکثر بڑی دکانوں پر چینی حروف میں لکھا ہوا تھا جس سے ظاہر ہوتا ہے کہ یہاں کی تجارت پر چینی چھائے ہوئے ہیں۔

کوالالمپور میں میرا قیام ایک ہوٹل میں تھا۔ مجھے یہاں نماز پڑھنے کی ضرورت ہوئی۔ اس وقت اتفاق سے قبلہ کا رخ بتانے والا کوئی نہ تھا۔ تردد ہوا کہ کس طرف رخ کر کے نماز پڑھی جائے۔ اچانک میری نظر چھت کی طرف گئی تو دیکھا کہ چھت پر تیر کی

شکل کا ایک کاغذ یا پلاسٹک کا ٹکڑا چپکا ہوا ہے۔ اس پر انگریزی میں لکھا ہوا تھا "قبلہ" یہ تیر بتا رہا تھا کہ قبلہ کی سمت کدھر ہے۔ چنانچہ اس رخ پر میں نے نماز ادا کی۔ موجودہ زمانے میں ہتھیار کی حیثیت سے تیر اپنی اہمیت کھو چکا ہے مگر رخ کے نشان کے لیے اب بھی ساری دنیا میں اس کا کوئی بدل نہیں۔

اس ہوٹل کی ایک سجی ہوئی نشست گاہ کے دروازے پر انگریزی میں یہ الفاظ لکھے ہوئے نظر آئے 'راما، راما'۔ میں نے خیال کیا کہ یہ شاید کوئی ہندوستانی ہوٹل ہے۔ میں نے ایک ملیشیائی سے پوچھا تو اس نے بتایا کہ اس کے معنی ملائی زبان میں تتلی کے ہیں۔ تحقیق سے پہلے ایک چیز کچھ نظر آتی ہے اور تحقیق کے بعد کچھ اور نکلتی ہے۔

دوسرے دن ہمیں ایک اور ہوٹل میں لے جایا گیا۔ یہ ہوٹل شہر سے باہر پہاڑی کے دامن میں واقع ہے۔ یہاں چاروں طرف قدرتی مناظر ہیں اور ہوٹل کے ماحول کی بجائے علمی ماحول ہے۔ یہاں ایک بڑی لائبریری ہے۔ یہ جگہ مجھے پسند آئی۔

۲۶ جولائی کو ہوٹل کے ایک بڑے ہال میں سیمینار کی کارروائی شروع ہوئی۔ اس کا افتتاح ملیشیا کے وزیر اعظم نے کیا۔ یہ دانشوروں کا اجتماع تھا۔ مختلف ملکوں کے تقریباً پچاس اعلی تعلیم یافتہ افراد شریک ہوئے۔ سیمینار کا طریقہ کار یہ تھا کہ مقالہ نگار اپنا مقالہ پڑھ کر سناتا۔ اس کے بعد حاضرین اس پر سوالات کرتے اور وہ لوگوں کے سوالوں کے جواب دیتا۔ یہ سلسلہ ۲۶ جولائی سے ۳۱ جولائی تک جاری رہا۔ آخری جلسے میں دعا پر سیمینار اختتام پذیر ہوا۔

ملیشیا چھوٹے چھوٹے جزیروں کا مجموعہ ہے۔ ان جزیروں پر سلاطین کی حکومت تھی۔ انیسویں صدی میں انگریزوں نے ملیشیا پر قبضہ کرلیا۔ ۱۹۵۷ء میں ملیشیا آزاد ہوا۔

ہماری میزبانی کے فرائض حکومت نے انجام دیے۔ کوالالمپور میں قیام کے دوران روزانہ شام کو کسی نہ کسی وزیر حکومت کی جانب سے دعوت ہوتی تھی۔ سیمینار کے آخری دن شام کا کھانا وزیر اعظم کی رہائش گاہ پر تھا۔ تمام لوگ مغرب سے پہلے وہاں پہنچا دیے

گئے۔ ایک بڑے ہال میں تقریباً ستر حاضرین نے نمازِ مغرب ادا کی۔ جس میں وزیرِاعظم بھی شامل تھے۔ نماز کے بعد کھانا شروع ہوا۔ کھانے کے دوران وزیرِ زراعت نے مجھے بتایا کہ ملیشیا میں مسلمانوں کی آبادی تقریباً پچاس فیصد ہے۔

اپنے قیام کے دوران میں نے بہت سے دانشوروں، عالموں، اساتذہ اور طلبہ سے ملاقات کی۔ ۱۲ اگست کو میں نے کوالالمپور چھوڑا اور بنکاک ہوتے ہوئے دہلی روانہ ہوا۔

سفر لندن براہِ ممبئی

سر سید احمد خان

ناگپور سے ساتویں تاریخ اپریل ۱۸۶۹ء کو آٹھ بجے دن کے، ریل پر سوار ہوئے اور آٹھویں تاریخ قریب دوپہر کے بمبئ پہنچے۔

بمبئ ریلوے کی حالت : گاڑیاں درجۂ اوّل و دوم وسوم و چہارم میں جاری ہیں۔ مگر ہم ایکسپریس ٹرین میں سوار ہوئے جس میں تین درجے کی گاڑیاں تھیں۔ صرف چوتھا درجہ بالکل تیسرے درجے کے مانند ہے، صرف اتنا فرق ہے کہ اس میں بیٹھنے کے لیے تپائیاں نہیں ہیں اور مسافر چوتھے درجے میں بہ نسبت زیادہ بٹھائے جاتے ہیں۔ فرسٹ کلاس ہمارے ملک (شمالی ہندوستان) کے فرسٹ کلاس سے کچھ تھوڑا سا مختلف ہے۔ ہم جوں جوں آگے بڑھنے لگے اسی قدر قدر و منزلت ریلوے کی اور نہایت لیاقت و قابلیت انجینئروں کی دل میں سماتی گئی اور بمبئ (ممبئی) پہنچنے تک ایسی عزت اور قدر و منزلت بمبئ ریلوے کمپنی کی ہمارے دل میں بیٹھی کہ بیان نہیں ہو سکتی۔ یہ ساری سڑک (ریلوے لائن) بمبئ تک پہاڑوں میں سے گزری ہے۔ ریل کی سڑک میں بیسیوں فٹ کا ڈھلاؤ اور اونچان نیچان ہے۔

ایک مقام پر بہت دور تک ساٹھ فٹ طول میں ایک فٹ کے حساب سے ڈھلاؤ تھا۔ ان تمام ڈھالوں میں ٹرین گزرتی ہے اور چڑھاؤ میں بے تکلف چڑھتی ہے۔ علاوہ اس کے بیسیوں جگہ گول چکر کھا کر پہاڑوں پر چڑھتی ہے اور بیسیوں جگہ سانپ کی طرح

لہراتی ہوئی چلتی ہے۔ پہاڑوں کا کاٹنا اور پہاڑوں میں نقبوں کا لگانا اور غاروں کو بند کرنا اور کہیں ان پر پل باندھنا، ایسے ایسے مشکل کام بمبئی ریلوے کمپنی کو پیش آئے ہیں جو بیان نہیں ہو سکتے۔ پہاڑوں میں متعدد جگہ نقب (سرنگ) ہے مگر دو جگہ بہت لمبی ہے، شاید قریب دو میل کی لمبی ہو۔ تمام نقبوں میں دوہری سڑک ہے اور بے تکلف ایک گاڑی آتی ہے اور ایک جاتی ہے۔ جب نقب میں ٹرین داخل ہوتی ہے، جیسے چوہا اپنے بل میں، تو اس قدر اندھیرا ہوتا ہے کہ آدمی کو آدمی اور ہاتھ کو ہاتھ نہیں سوجھتا۔ ان تمام چیزوں کو دیکھ کر بمبئی ریلوے کی نہایت قدرومنزلت ہمارے دل میں بیٹھی اور فی الحقیقت ریلوے کی ہنرمندی یا عجائبات جس کو دیکھنے ہوں وہ بمبئی ریلوے کو دیکھے۔

جب ہم جلگام (جلگاؤں) کے اسٹیشن پر پہنچے تو ہم نے تین برہمنوں کو دیکھا کہ لوگوں کو تمیز و صفائی سے پانی پلا رہے ہیں اور پانی بھی نہایت عمدہ، صاف اور میٹھا۔ وہ برہمن پکارتا ہیں کہ ”ریل والو! بہت ٹھنڈا میٹھا پانی ہے۔ پینے والو! پانی پیو۔ بہت ٹھنڈا پانی ہے۔“ برتن بھی ان برہمنوں کے جن سے وہ پانی دیتے تھے، نہایت اچھے، صاف اور خوبصورت تھے۔ وہ سب کو پانی دیتے تھے اور تمام مسافروں کو نہایت آرام تھا۔ یہ بات مجھے پسند آئی اور دل میں بیٹھ گئی اور جب تحقیق کیا تو معلوم ہوا کہ ہر اسٹیشن پر جو کسی قصبے یا شہر سے متصل ہے، کسی خاص مہاجن نے یا اس شہر یا قصبے کے دکانداروں نے آپس میں چندہ کر کے پَو (سبیل) بٹھا رکھی ہے اور پانی پلانے کا بندوبست کر رکھا ہے۔ اس وقت مجھے اپنے ملک پر افسوس آیا۔ کیا ہمارے غریب شہر علی گڑھ اور ہاتھرس کے لوگ ایسے نہیں ہیں جو اپنے اپنے شہر کے اسٹیشنوں پر ایسا بندوبست کریں؟ اور کیا آگرے کے متموّل ایسا بندوبست نہیں کر سکتے؟ افسوس ہے کہ وہ لوگ صرف اپنا ہی برف کا پانی پی لینا دنیا کی تمام نعمت سمجھتے ہیں۔ زندگی اور مال و دولت اپنے آرام کو نہیں ہے بلکہ اوروں کو آرام پہنچانے کے لیے ہے۔

بندے نے بمبئی سے الہ آباد تک، کیا گاؤں میں اور کیا چوکیات میں اور کیا ریل پر

اور کیا گورنمنٹ کے اہلکاروں اور ہر محکمے کے چپراسیوں اور ہر جگہ کے قلیوں سے اُردو میں گفتگو کی۔ سب لوگ ہر جگہ بخوبی اردو سمجھتے تھے اور اردو ہی میں جواب دیتے تھے۔ بعض بعض لفظوں کے مکرّر سمجھانے کی اور زیادہ تر آسان طور پر بیان کرنے کی ضرورت پڑتی تھی۔ کچھ شبہ نہیں کہ تمام ہندوستانیوں میں اردو زبان اسی طرح سمجھی اور بولی جاتی ہے جیسے تمام یورپ میں فرنچ بلکہ اس سے بھی زیادہ مروّج ہے۔

بمبئی پہنچنا : تمام مسافر فرسٹ اور سیکنڈ کلاس کے جو بمبئی جاتے ہیں وہ ایک اسٹیشن ورلی یعنی 'بائی کلا' اسٹیشن پر اترتے ہیں کہ یہاں سے ہوٹل اور شہر قریب پڑتا ہے۔ اس لیے ہم نے بھی 'بائی کلا' اسٹیشن تک کا ٹکٹ لیا تھا اور وہیں اترے۔ جونہی ہم اسٹیشن میں داخل ہوئے ہم نے اپنے مہربان دوست مسٹر نوروجی پارسی کو اسٹیشن پر کھڑا پایا۔ وہ ہمارا انتظار کررہے تھے۔ اِدھر ہم ان کو دیکھ کر خوش ہوئے، اُدھر وہ ہم کو دیکھ کر خوش ہوئے۔ مسٹر نوروجی نے ہم پر بڑی مہربانی کی۔ فی الفور اسباب ہمارا اپنے ایک آدمی کی سپردگی میں کیا اور وہ خود ہمارے ساتھ ہوئے اور 'پالن جی' کے ہوٹل میں پہنچا دیا۔

پالن جی ہوٹل نہایت عمدہ و معزز اور بہت بڑا ہوٹل ہے۔ فرش و فروش سے آراستہ ہے۔ سونے کے لیے عمدہ عمدہ پلنگ اور پردہ دار مسہریاں لگی ہوئی ہیں۔ ہر کمرے میں اور ہر جگہ گیس کی روشنی ہوتی ہے۔ ہر ایک جگہ پمپ اور نل کے ذریعے سے دو منزلہ اور سہ منزلہ مکانوں میں از خود پانی پہنچتا ہے۔ خدمتی حاضر باش، غریب، فرمانبردار اور اپنے کاموں میں ہوشیار ہیں مگر سب کے سب ہندوستانی عیسائی ہیں۔ ہر وقت ہوٹل میں متعدد قسم کا کھانا تیار ہوتا ہے۔ بہت سے انگریز بھی ٹھہرے ہوئے تھے۔ ہم نے دو کمرے اس ہوٹل میں لیے۔ چار پلنگ ان میں آراستہ ہوئے۔ ہم وہاں نہائے دھوئے، کپڑے بدلے اور میں اور حامد اور مرزا خداداد بیگ دو گھوڑوں کی گاڑی میں سوار ہو کر شہر و بازار کو روانہ ہوئے۔

شام کے وقت، میں اور حامد اور خداداد بیگ پھر سوار ہوئے اور بھنڈی بازار میں

مرزا محمد علی بیگ سے ملنے کو گئے۔ ان سے ملاقات ہوئی اور ہم سب ایک کتب فروش کی دکان پر بیٹھ گئے اور بازار کی اور لوگوں کے آنے جانے کی سیر دیکھا کیے۔ وہاں میر اشرف علی، ایک بزرگ بیٹھے ہوئے تھے۔ انھوں نے ہمارا وطن اور یہ کہ ہم کہاں جاتے ہیں، پوچھا۔ جبکہ انھوں نے جانا کہ ہم دلّی کے رہنے والے ہیں تو انھوں نے دلّی کے لوگوں کا حال پوچھا اور 'سید الاخبار' کا جو ایک زمانے میں ہمارے یہاں سے نکلتا تھا ذکر کیا اور کہا کہ سیّد احمد ایک ایسے شخص دلّی میں تھے جنھوں نے آثار الصنا دید لکھی اور جواد الدّولہ ان کا خطاب تھا، اب وہ کس طرح ہیں اور کہاں ہیں؟ میں نے کہا ''فضلِ الٰہی سے نہایت خوش وخرم ہیں اور آپ کے سامنے بیٹھے ہیں۔'' وہ دفعتاً کھڑے ہو گئے اور نہایت خوشی اور شوق سے مصافحہ کیا اور بغل گیر ہوئے اور دیر تک باتیں کرتے رہے۔

اسی دکان کے قریب ایک مسجد ہے جو 'نواب کی مسجد' کہلاتی ہے۔ اس میں مغرب کی اذان ہوئی۔ ہم لوگ نماز کو اٹھے۔ چلتے وقت مجھ کو خیال ہوا کہ ہماری قطع اور وضع لباس دیکھ کر ضرور لوگ متعجب ہوں گے مگر وہاں دیکھا کہ بہت سے آدمی ہماری سی سرخ ٹوپی پہنے ہوئے بیٹھے ہیں۔ اتنا تو لوگوں نے دیکھا کہ کوئی شخص نماز کو آیا مگر اس سے سِوا اور کچھ خیال بھی کسی نے نہیں کیا۔ اس کا سبب یہ معلوم ہوا کہ اکثر تُرک اِن مسجدوں میں نماز کو آجاتے ہیں اور ان کی وضع اور لباس بالکل ہمارا سا ہوتا ہے اس لیے کسی کو تعجب نہ ہوا۔ مسجد کا اِمام شافعی مذہب کا تھا۔ نمازی قریب سَو اسَو ڈیڑھ سَو آدمیوں کے ہوں گے۔

پہلی مرتبہ سمندر کی سیر : سب کاموں سے فراغت ہو کر سب کی صلاح ہوئی کہ 'بڑودہ دخانی جہاز' جس پر ہم سوار ہوں گے، دیکھنے چلو۔ چنانچہ ہم سب مزیگان (مجگاؤں) بندر پر آئے جہاں بڑودہ دخانی جہاز لنگر ڈالے ہوئے تھا۔ ہم نے دیکھا کہ کنارے سے تخمیناً دو میل فاصلے پر وہ جہاز کھڑا ہے۔ ہم نے ایک چھوٹی سی کشتی جسے یہاں کے لوگ بوٹ کہتے ہیں، آمدورفت کے لیے دو روپے کرائے پر کی، اس پر سوار ہوئے اور پہلی مرتبہ سمندر میں قدم رکھا۔ چلّو میں ذرا سا پانی لے کر چکھا، نعوذ باللہ! منہ ہی رکھا نہیں جاتا۔ بالکل

ایسا مزہ جیسے کہ پانی میں نہایت کھاری اور شور نمک گھول دیا ہو۔

جاتے وقت ہوا موافق تھی اور ملائم بھی تھی۔ اس پر بھی وہ بادام کے آدھے چھلکے برابر کشتی ایسی کروٹیں لیتی تھی کہ کبھی یہ کنارا اور کبھی وہ کنارا، پانی کے برابر ہو جاتا تھا۔ ملّاح نے اس کشتی میں بادبان چھوڑا اور موافق ہوا کے دھارے پر چھوڑ، فی الفور بڑودے پہنچا دیا۔ ہم سیڑھی پر سے 'بڑودے' پر چڑھے اور اندر جا کر سیر کی اور پھر اپنے اسی بادام کے آدھے چھلکے پر سوار ہو کر شہر میں آنے کا ارادہ کیا۔ اس وقت ہوا تند ہوگئی تھی اور آتے وقت مخالف بھی تھی۔ کشتی سمندر کی طرف چلی۔ ہوا کے صدمے سے کشتی لوٹ پوٹ ہو جاتی تھی اور لہروں کے مارے اونچی اُٹھتی تھی اور نیچے گرتی تھی۔ ہم لوگ جامنوں کی طرح ہلتے تھے۔ کبھی اس کنارے سے ٹکراتے تھے، کبھی اس کنارے جھک جاتے تھے۔ اگرچہ ہم میں سے کوئی خوف زدہ نہ تھا، آپس میں ہنس ہنس کر باتیں کرتے تھے اور جب کشتی ٹیڑھی ہوتی تھی تو ہنس ہنس کر کوئی ''اوٗاوٗ'' کہتا تھا کوئی ''بسم اللہ'' کہتا تھا' تو کوئی ''اللہ اکبر'' کہتا۔ آج کے سوا کبھی تمام عمر نہ ہم نے اتنا چوڑا اور اس قدر عمیق پانی دیکھا تھا نہ اتنی چھوٹی کشتی میں بیٹھے تھے نہ ایسی سخت ہوا نہ اتنی بڑی موجوں میں پڑے تھے۔

ذکر شہر بمبئی : بمبئی نہایت عمدہ اور نفیس شہر ہے۔ نہایت بڑی تجارت گاہ ہے۔ کوئی بات بھی اس شہر میں ہندوستانی شہر کی نہیں ہے۔ بالکل ایک انگریزی شہر معلوم ہوتا ہے۔ تصویروں میں جو انگریزی شہروں اور بازاروں کے نقشے دیکھتے ہیں، ہو بہو اسی وضع اور اسی قطع کا شہر ہے۔ صفائی بھی اچھی ہے۔ ہر مکان میں تالاب کا میٹھا پانی نل اور پمپ کے ذریعے سے پہنچتا ہے۔ یہ ایک بڑی عمدگی اس شہر کو ہوگئی ہے۔ دو تین جگہ بازاروں میں بہت بڑے بڑے عجیب عجیب تصویروں دار لوہے کے ستون گڑے ہوئے ہیں۔ ان میں بڑی بڑی تین تین اور کسی میں چار چار لالٹینیں لگی ہوئی ہیں جو تمام رات گیس کی روشنی سے روشن رہتی ہیں۔ عمارتیں سرکاری، ہوٹل، ٹاؤن ہال اور رئیسوں کے اور پارسیوں کے مکانات نہایت عمدہ عمدہ اور بڑے بڑے عالیشان ہیں۔ مسجدیں یہاں کی نہایت صاف

اور فرش سے آراستہ ہیں۔ اکثر میں گیس کی روشنی ہے۔

بمبئی کی جامع مسجد : جامع مسجد عجیب قطع کی ہے صحن مطلق نہیں۔ ساری پٹی ہوئی ہے۔ اس میں پتھر کے ستون ہیں، چوبی ستون ہیں۔ اس مسجد کو تالاب پر بنایا گیا ہے۔ ساری مسجد کے نیچے پانی ہے۔ تھوڑا سا تالاب کو کھلا رکھا ہے اور سیڑھیاں بنادی ہیں گویا وہ مسجد کا حوض ہے۔ اس میں لوگ وضو کرتے ہیں۔ حوض کے اوپر چھتّہ پاٹ کر مسجد کا درجہ بنایا ہے اور اس کے اوپر پھر ایک درجہ، گویا دو طبقہ مسجد ہے۔ جمعے کے دن اوپر اور نیچے دونوں طبقوں میں نمازی کھڑے ہوتے ہیں۔ البتہ پہلے درجے کی چھت صرف اس مقام سے جہاں امام کھڑا رہتا ہے کھلی ہوئی ہے تاکہ اوپر کے طبقے والے امام کو دیکھ سکیں یا آواز سن سکیں۔ مجھے معلوم نہیں کہ ایسی دوہری مسجد یعنی دو درجے کی اور کسی جگہ بھی ہے یا نہیں۔ سب سے اوپر کی چھت کھپریل کی ہے۔

جو علاقہ 'قلعہ' کہلاتا ہے، وہ کسی زمانے میں قلعہ تھا اور فصیل بھی قلعے کی تھی مگر اب کچھ بھی نہیں۔ صرف ایک جگہ دس پندرہ گز دیوار فصیل قلعہ کی باقی رہ گئی ہے۔ سرکار نے سب مسمار کر کے آبادی میں ملا دیا اور اب اس زمین پر جہاں قلعہ تھا تمام سرکاری کچہریاں اور سوداگروں کی کوٹھیاں ہیں مگر وہ ٹکڑا اب تک قلعے کے نام سے مشہور ہے۔ پس قلعے کو ایک محلّہ بمبئی کا تصور کرنا چاہیے۔

اس شہر میں غالباً تمام ملکوں کے لوگ موجود ہوں گے مگر میمن اور پارسی یہاں کے بڑے آدمی ہیں اور سوداگروں میں 'سیٹھ' کا لقب نہایت معتبر و معزز گنا جاتا ہے۔ پارسیوں نے خوب ترقی کی ہے۔ تجارت اور نوکری کو دور دور جاتے ہیں اور شائستگی اور تربیت میں روز افزوں ترقی کرتے ہیں۔ لڑکیوں کی تربیت کی طرف متوجہ ہیں اور چونکہ ان کے ہاں پردہ نہیں ہے اس لیے معتبر اور لائق طمانیت اسکول بناتے ہیں اور ان میں لڑکیاں پڑھتی ہیں۔ میں نے سنا ہے کہ بعض پارسی اپنی لڑکیوں کو انگریزی بھی پڑھاتے ہیں مگر میں نہیں سمجھا کہ اپنی زبان چھوڑ کر پارسیوں کو لڑکیوں کے انگریزی پڑھانے

لکھانے کی کیا ضرورت پیش آتی ہے؟

بمبئ میں ایک نئی بات یہ ہے کہ ہر ایک مقام پران بازاروں کے، جہاں کوٹھیاں کارخانے تجارت کے بہت ہیں، لوگ خطوط پر لگانے کے لیے ٹکٹ اور لالٹین اور لاکھ کی بتّی اور پانی کے پیالے اور کانٹا اور ایک مہر جس پر کچھ نشان کھدا ہوا ہے، لیے بیٹھے ہیں سیکڑوں آدمی خط اور چٹھیاں لاتے ہیں اور ان کو تول کر ٹکٹ لگاتے ہیں۔ ایک نئی بات بمبئ میں یہ دیکھی کہ بڑے بڑے بازاروں میں انگلستان کے طریقے پر اومنی بس گاڑیاں (ٹرامیں) دو گھوڑوں کی اور تین گھوڑوں کی کھڑی رہتی ہیں اور پھرتی ہیں۔ جس کو کہیں جانا ہوتا ہے، خفیف کرایہ دیا اور اس میں بیٹھ گیا۔ اومنی بس ایک بڑی گاڑی ہے جس کے اندر دو طرفہ اور اس کی چھت پر بھی دو طرفہ بیٹھنے کی جگہ ہے۔ اوپر اور اندر قریب چوبیس آدمیوں بیٹھ سکتے ہیں اور جس گلی یا مکان میں جس کو اترنا ہوتا ہے اتر لیتا ہے اور چڑھنے والے ہر جگہ پر سوار ہو جاتے ہیں۔ فی الحقیقت بڑے آرام کی چیز ہے۔

قریب چھ بجے شام کے دسویں اپریل ۱۸۶۹ء اور شنبہ کو جہاز نے لنگر اٹھایا اور ہم نے نہایت صدق دل سے آیت ''بسمِ اللّٰہ مجرھا و مرسٰھا اِنّ ربّی لَغفور رّحیم'' پڑھی اور روانہ ہوئے۔

(ماخوذ از مسافران لندن)

ترکوں کی معاشرت

شبلی نعمانی

قسطنطنیہ میں میں اگرچہ متصّل تین مہینے تک رہا لیکن زبان کی اجنبیت کی وجہ سے ترکوں سے میرا میل جول بہت کم تھا۔ میرے ہم صحبت اور میرے احباب جس قدر تھے شام کے عرب تھے اس لیے ترکوں کے اخلاق اور عادات کے متعلق میری واقفیت سرسری اور اجمالی ہے۔ میں نے اکثر کالج، اسکول اور بعض صنعت وغیرہ کے کارخانے دیکھے۔ چند معزز عہدہ دارانِ ملکی سے ملا اور ان کے یہاں دعوتیں کھائیں۔ قہوہ خانوں میں کبھی کسی سے ملاقات ہوگئی۔ ٹرام وے اور ریل پر کسی سے تعارف ہوگیا۔ غرض اس قسم کے موقعے تھے جن میں مجھ کو تُرکوں کے اخلاق و عادات کا تجربہ ہوا۔ ان میں سب سے مقدم ترکوں کی مہمان پرستی اور عام خوش اخلاقی ہے۔ کچھ شبہ نہیں کہ ترکوں کے اخلاق نہایت وسیع اور فیاضانہ ہیں۔ غرورونخوت، ترفع اور کم بینی ان میں نام کو نہیں ہے۔ امیروغریب، مزدور وعہدہ دار، وضیع وشریف، جاہل و عالم ہر درجے کے لوگوں سے مجھ کو سابقہ پڑا لیکن خوش اخلاقی اور فیاض طبعی میں گویا سب ایک ہی مکتب کے شاگرد اور ایک ہی سانچے کے ڈھلے تھے۔

ایک عام بات یہ ہے کہ بازار میں چلتے چلتے تم جس شخص سے، گو وہ کسی رتبے کا آدمی ہو، راستہ پوچھو، وہ نہایت مہربانی سے تمھاری طرف متوجہ ہوگا اور تم کو راستہ بتائے گا۔ بعض موقعوں پر مجھ کو نہایت تنگ اور پیچ دار گلیوں سے گزرنے کا اتفاق ہوا اور راستے کو بھول جانے کی وجہ سے دیر تک حیران رہا۔ اتفاقاً کوئی ترک آنکلا تو اس نے راستہ بتانے پر

اکتفا نہیں کیا بلکہ ساتھ ہولیا اور جہاں مجھ کو جانا تھا وہاں تک پہنچا کر واپس ہوا۔

فیاضی اور مہمان نوازی ترکوں کی عام صفت ہے اور نہایت ادنیٰ درجے کے لوگ بھی نہایت سیر چشم اور فیاض ہیں۔ یہ عام طریقہ ہے کہ دو چار چشم آشنا کسی ہوٹل یا قہوہ خانے میں اتفاق سے مل گئے تو قہوہ وغیرہ میں جو خرچ ہوگا، ایک شخص سب کی طرف سے دے دے، گویا تمام لوگ اس شخص کے مہمان ہوتے ہیں اور وہ میزبان ہوتا ہے۔

ایک دفعہ میں درویش پاشا کے مکان پر گیا۔ وہاں چند اور بزرگ تشریف رکھتے تھے۔ سب سے تعارف ہوا اور دیر تک صحبت رہی۔ چونکہ اس وقت تک میں نے ترکی بوٹ کا استعمال نہیں شروع کیا تھا اور انگریزی بوٹ پہن کر مکان کے اندر جانا یہاں معیوب ہے، میں نے دروازے پر ہی بوٹ اتار دیا تھا۔ ترکوں کے نزدیک بوٹ کا پاؤں میں نہ ہونا بدسلیقگی میں داخل ہے اس لیے کسی کسی کو خیال ہوا۔ حاضرین میں سے ایک بزرگ جو اسکول کے ماسٹر اور معزّز آدمی تھے، چپکے سے اٹھے اور ایک سلیپر لا کر میرے سامنے رکھ دیا۔ ان بزرگ کا نام کاظم آفندی تھا۔ رخصت ہونے کے وقت مجھ سے فرمایا کہ ہندوستان پہنچ کر یاد رکھیے گا کہ قسطنطنیہ میں کاظم بھی آپ کا ایک نیازمند تھا۔

حسین حسیب آفندی جو پولیس کمشنر اور معزز رتبے کے آدمی ہیں، ملاقات کے وقت اس لطف و مہربانی سے پیش آئے کہ میں بیان نہیں کرسکتا۔ اصرار کر کے کھانا کھلایا، کوٹھی اور پائیں باغ کی سیر کرائی۔ پردہ کرا کر زنانہ مکان کے تمام کمرے دکھائے۔ رخصت ہونے لگا تو فرمایا کہ مجھ کو بھی کچہری جانا ہے، ساتھ ہی چلیں گے۔ چنانچہ اپنی گاڑی پر بٹھا کر دور تک ساتھ لائے۔ لطف یہ کہ اس وقت تک میرا تعارف بجز اس کے اور کچھ نہ تھا کہ میں ہندوستان کا رہنے والا ہوں اور مسلمان ہوں۔ اس قسم کے واقعات سے قطعاً ثابت ہوتا ہے کہ ترکوں کے اخلاق نہایت عام ہیں اور اس کے لیے وسیلہ و تعارف، عزت و جاہ کی سفارش کی کچھ ضرورت نہیں۔

ترکوں کی معاشرت کا طریقہ نہایت پسندیدہ اور قابل تقلید ہے۔ امرا اور معزّز

عہدیدار ایک طرف، معمولی حیثیت کا آدمی بھی جس صفائی اور خوش سلیقگی سے زندگی بسر کرتا ہے، ہمارے ملک میں بڑے بڑے امیروں کو وہ بات نصیب نہیں۔ میں نے دس ہزار کے تنخواہ دار سے لے کر بیس روپے آمدنی والوں تک کے مکانات دیکھے ہیں۔ اگرچہ دونوں حالتوں میں نہایت تفاوت تھا اور ہونا چاہیے تھا تاہم خوش سلیقگی اور ترتیب وصفائی میں برابر برابر تھے۔

ڈرائنگ روم کا قدیم طریقہ یہ تھا اور متوسط حیثیت والوں میں اب بھی جاری ہے کہ دیوار سے متّصل تقریباً دو ہاتھ چوڑے اور دیوار کے طول کے برابر لمبے چبوترے بنے ہوتے ہیں اور ان پر گدا بچھا ہوتا ہے۔ اب اگرچہ میز کرسی کا زیادہ رواج ہے۔ تاہم چونکہ معزز ترکوں کے ہاں علما اور درویشوں کی اکثر آمدورفت رہتی ہے، ایک آدھ کمرہ اس طریقے پر بھی ضرور مرتب رہتا ہے۔ زمانۂ حال میں یورپین طریقہ مروّج ہے۔ ترکوں نے اس میں اپنی طرف سے کچھ اصلاحیں کی ہیں اور وہ درحقیقت قابل تعریف اصلاحیں ہیں۔ ڈرائنگ روم میں، جو اکثر عمدہ ٹرکش قالین سے آراستہ ہوتا ہے، اس سِرے سے اس سِرے تک سڑک کے طور پر کارپٹ وغیرہ کی ہاتھ ہاتھ بھر چوڑی پٹیاں بچھی ہوتی ہیں۔ کمرے میں جو لوگ آتے جاتے ہیں اسی پر سے گزرتے ہیں۔ اِدھر اُدھر پاؤں نہیں رکھ سکتے۔ ترکوں کا بوٹ اگرچہ خاک آلودہ نہیں ہوتا لیکن اس طریقے سے فرش اور بھی صاف و پاک رہتا ہے۔

کھانا یورپین طریقے پر یعنی میز کرسی پر کھاتے ہیں البتہ بعض باتوں میں فرق ہے۔ عام دستور یہ ہے جب تمام لوگ میز کے گرد کرسیوں میں بیٹھ جاتے ہیں تو نوکر آ کر ہر شخص کے آگے سادہ رکابیاں چن دیتا ہے۔ اس کے بعد باری باری مختلف کھانوں کی رکابیاں آتی ہیں اور میز کے بیچ میں رکھی جاتی ہیں۔ تمام لوگ ایک ہی رکابی میں کھاتے ہیں۔ چھری کانٹا بھی ہوتا ہے لیکن اکثر کھاتے ہاتھ سے ہیں۔ اب یہ طریقہ متروک ہوتا جاتا ہے اور حال کے تعلیم یافتہ بالکل یورپین طریقے پر کھاتے ہیں۔

ترکوں کا لباس بالکل یورپین ہے البتہ بوٹ میں ایک اختراع کی گئی ہے اور وہ واقع میں قابل تعریف ہے۔ یہ بوٹ چرمی جُرّاب اور سلیپر کا مجموعہ ہے۔ جُرّاب بالکل بوٹ کی شکل کی ہوتی ہے لیکن ایڑی نہیں ہوتی۔ سلیپر میں اندر ایڑی کے پاس ایک کھٹکا لگا ہوتا ہے۔ جُرّاب پہن کر جب اس کو پہنتے ہیں تو جُرّاب اس میں اٹک جاتی ہے اور دونوں مل کر خاصہ بوٹ بن جاتا ہے۔ بازاروں میں دونوں پہنے پھرتے ہیں لیکن فرش پر سلیپر اتار دیتے ہیں صرف جُرّاب رہ جاتی ہے اور چونکہ وہ گرد سے پاک ہوتی ہے، فرش پر دھبّا نہیں پڑتا۔

ملاقات کا طریقہ نہایت مہذّب اور پسندیدہ ہے۔ تم کسی سے ملنے جاؤ اور دروازہ کھٹکھٹاؤ تو اسی وقت نوکر آ کر دروازہ کھول دے گا۔ مکان میں اسی غرض سے ایک خاص کمرہ فرش و فروش سے آراستہ رہتا ہے۔ نوکر تم کو وہاں بٹھا دے گا اور قہوہ یا چائے پیش کرے گا۔ اس کے بعد صاحبِ خانہ کو اطلاع ہوگی۔ وہ ملاقات کے کمرے میں پہنچے گا اور تم کو وہیں بلائے گا۔ بڑے بڑے معزز افسروں کی ملاقات کا یہی طریقہ ہے۔ انگریزوں کی طرح احاطے کے باہر برآمدے میں ٹہلنا اور دیر تک انتظار کرنا نہیں پڑتا۔

سلام کرنے کا عجیب طریقہ ہے۔ پہلے سینے پر، پھر ہونٹوں پر، پھر پیشانی پر ہاتھ رکھتے ہیں۔ ان اعضا کا ہاتھ سے چھو لینا ضروری نہیں۔ اگرچہ اس طریقے پر سلام کرنے میں ہاتھ کو تین منزلیں طے کرنی پڑتی ہیں۔ لیکن مشاقی کی وجہ سے تینوں مرحلے اس جلدی سے طے ہوتے ہیں کہ معمولی سلام سے زیادہ عرصہ نہیں لگتا۔ اس ایجاد میں یہ فائدہ ہے کہ قد کو جھکانا نہیں پڑتا اور ایشیائی تعظیم و ادب بھی ہاتھ سے نہیں جاتا۔ مجلس میں سلام کرنے کا جو طریقہ ہے وہ زیادہ تکلّف آمیز ہے، یعنی بیٹھ جانے کے بعد حاضرین میں سے ہر شخص کی طرف الگ الگ مخاطب ہو کر سلام کرنا پڑتا ہے بالکل اسی طرح جیسا لکھنؤ میں دستور ہے۔ معلوم نہیں ترک جیسے سپاہیوں کو یہ لکھنؤانہ تکلّف کس نے سکھایا!

ترکوں کی معاشرت میں مجھ کو جو چیز سب سے زیادہ پسند ہے وہ یہ ہے کہ باوجود

نفاست پسندی اور عالی دماغی کے فضول شان و شوکت کا نام نہیں۔ بڑے بڑے وُزرا، اُمرا بازار میں نکلتے ہیں تو معمولی حیثیت سے نکلتے ہیں۔ میں نے بارہا وزیر اعظم کی سواری دیکھی ہے۔ صرف دو تین سوار ساتھ ہوتے ہیں۔ مکانات اور تمام معاشرت کی چیزوں میں بھی سادگی پائی جاتی ہے۔ نوکر چاکر بھی کثرت سے نہیں ہوتے جیسا ہمارے ہاں کے نواب اور فرضی شاہزادوں کے ہاں دستور ہے۔ حق یہ ہے کہ تُرک اس بات پر جہاں تک فخر کریں بجا ہے کہ انھوں نے چھ سو برس تک سلطنت کے سائے میں پل کر سپاہیانہ پن نہیں چھوڑا ورنہ عباسی، فاطمی، اُموَی (اندلس والے) اور تیموری تو سو دو سو برس ہی میں اچھے خاصے رنگیلے بن گئے تھے۔

ترکوں کی تہذیب و ترقی میں جو چیز سب سے زیادہ قابلِ قدر اور قابلِ تقلید ہے وہ عورتوں کی تعلیم و تربیت و طریقۂ معاشرت ہے۔ دنیا کی دو بڑی قومیں یعنی یوروپین اور ایشیاٹک اس مسئلے میں افراط اور تفریط کے انتہائی کناروں پر واقع ہیں اور اس وجہ سے دونوں کی حالت قابلِ اعتراض ہے۔ ترکوں نے ایسا معتدل طریقہ اختیار کیا ہے جو دونوں کی خوبیوں کا جامع اور دونوں کے عیوب سے خالی ہے۔ ٹرکش عورتیں تعلیم یافتہ ہیں لیکن بے شرمی، شوخی، بیجا آزادی اور رقاصی کی (اور وہ بھی غیر مردوں کے ساتھ) اُن کو تعلیم نہیں ہوئی ہے، وہ پردے کی پابند ہیں لیکن جاہل دنیا سے بے خبر، مکان کے قفس میں بند، حیوان انسان نما نہیں ہیں۔

لڑکیوں کی تعلیم کے لیے سرکاری اور خانگی مدرسے کثرت سے ہیں اور وہاں پردے اور حفاظت کا عمدہ انتظام ہے کہ شُرفا کو اپنی لڑکیوں کے بھیجنے میں تامل نہیں ہوتا۔ عِلمی مضامین کے ساتھ فرنچ زبان بھی درس میں داخل ہے اور بعض بعض مدرسوں میں موسیقی کی تعلیم بھی ہوتی ہے۔ معلّمات کی تعلیم کے لیے ایک خاص مدرسہ ہے۔ ان مدارس کی وجہ سے تعلیم اس قدر عام ہوگئی ہے کہ زمانۂ حال میں بمشکل ایسی عورت مل سکتی ہے جس نے مناسب درجے تک تعلیم نہ پائی ہو... بہت سی عورتیں مضمون نگار ہیں اور مشہور

اخبارات میں ان کے آرٹیکل نکلتے رہتے ہیں۔

عورتوں کو چلنے پھرنے میں عام آزادی ہے۔ ہر درجے اور ہر رتبے کی عورتیں بازار میں نکلتی ہیں۔سیر گاہوں کو جاتی ہیں اور دعوت کے جلسوں اور علمی مجلسوں میں شریک ہوتی ہیں لیکن باوجود اس آزادی کے حفظ و احتیاط کے دائرے سے سرمو تجاوز نہیں ہوتا۔ ہر مجمع میں عورتوں کی سوسائٹی مردوں سے الگ رہتی ہے اور کوئی عورت کسی غیر مرد سے بجز خاص حالتوں کے، بات ہی نہیں کرسکتی۔

لباس بالکل یورپین ہے لیکن جب باہر نکلتی ہیں تو نہایت ڈھیلا ڈھالا ریشمی گون (gown) پہن لیتی ہیں جو گردن سے لے کر پاؤں تک ہوتا ہے اور اوپر سے نیچے تک بٹن لگے ہوتے ہیں۔ اس سے بجز چہرے کے اوپر تمام جسم اس طرح ڈھک جاتا ہے کہ بدن کی ہیئت تک نہیں معلوم ہوتی۔سر پر قصابہ ہوتا ہے اور چہرہ ایک رومال سے چھپاتی ہیں جو ناک کی جڑ سے ٹھوڑی تک ہوتا ہے۔ دونوں آنکھیں اور ناک کی جڑ اور کسی قدر آنکھوں کے نیچے کی سطح کھلی رہتی ہے۔ یہ رومال باریک ململ کے ہوتے ہیں۔کوئی شخص پاس سے آنکھ جما کر دیکھے تو چہرے کا رنگ معلوم ہوسکتا ہے لیکن ایسی بیہودہ جرأت کون کر سکتا ہے؟

ایک دفعہ میں عاشر آفندی کے کُتب خانے میں بیٹھا ہوا تھا۔ایک تُرک صاحب بھی بیٹھے ہوئے تھے جن سے میری جان پہچان ہوگئی تھی۔ اتفاق سے وہیں ان کی دو نوجوان لڑکیاں جن میں سے ایک کی شادی ہو چکی تھی، ان سے ملنے کے لیے آئیں۔ انھوں نے مجھ کو دونوں سے انٹروڈیوس کرایا۔جس احترام اور متانت وشرم سے وہ معصوم خاتونیں میرے سامنے کھڑی تھیں، مجھ کو یہ معلوم ہوتا تھا کہ وہ عورتیں نہیں بلکہ عفّت و عصمت کی دیبیاں (دیویاں) ہیں۔

(ماخوذ از سفرنامۂ روم ومصر وشام)

✤✤✤

کچھ دن افغانستان میں

سید سلیمان ندوی

ممالکِ اسلامیہ کی سیر و سیاحت کے سلسلے میں مدت سے آرزو تھی کہ کم از کم قریب ترین ہمسایہ اسلامی ملک افغانستان ہی کو دیکھ لوں۔ ڈاکٹر سر اقبال کا نوازش نامہ آیا کہ ''حکومتِ افغانستان نے مجھے اور سر راس مسعود اور آپ کو اپنے ہاں کے بعض علمی اور تعلیمی مسائل میں مشورے کی غرض سے بلانا چاہا ہے کیا آپ چلنے کو تیار ہیں؟'' میں نے جواب دیا کہ اس ملک کی جو خدمت مجھ سے بن آئے، میں اس کے لیے تیار ہوں۔ اس کے بعد ۷/اکتوبر کو ہز ایکسلنسی صلاح الدین سلجوقی جنرل قونصل افغانستان کا خط آیا جس میں اسی مطلب کا اظہار تھا۔ میں نے ان کو بھی اپنی آمادگی کی اِطلاع دی۔ جنرل قونصل صاحب کی اصل تحریک تو یہ تھی کہ ہم لوگ ۱۳/اکتوبر کے جشن استقلال کے موقعے پر کابل پہنچ جائیں مگر اس قدر جلد پاسپوٹ کا ملنا ممکن نہ تھا اس لیے تاریخ کی تعین کا مسئلہ پاسپورٹ کے ملنے کے بعد رُفقا کے مشورے پر موقوف تھا۔ توقع تھی کہ ۱۹/اکتوبر کو پاسپورٹ مجھے مل جائے گا اور اِدھر سر راس مسعود صاحب کو یونیورسٹی کی مشغولیتوں کے سبب سے جلد واپسی کی عجلت تھی۔ ۱۷/تک ان صاحبوں کو پاسپورٹ مل گئے اور ۲۰/کو لاہور سے اور ۲۱/کو پشاور سے روانگی کا پروگرام بن گیا۔ اور اسی کے مطابق روانہ ہو گئے۔ میری نسبت سے دفتری تحقیقات کا سلسلہ شروع ہو گیا اور بالآخر ۱۸/کو نینی تال میں اس پر دستخط ہوئے اور ۲۱/کو وہ اعظم گڑھ پہنچا۔ میں لکھنؤ چلا آیا تھا۔ دوسرے دن ایک آدمی کی معرفت پاسپورٹ کر لکھنؤ بھیجا

گیا۔ جہاں وہ ۲۳ کی صبح پہنچا اور میں اسی روز کے میل سے دو بجے پشاور روانہ ہوگیا۔ ۲۴ر کی رات کو آٹھ بجے کے قریب گاڑی پشاور سے ایک اسٹیشن پہلے نوشہرہ پہنچی۔ ایک گھنٹے کے بعد گاڑی پشاور پہنچی۔

یہاں پہنچنے کے بعد معلوم ہوا کہ پاسپورٹ ملنے کے بعد بھی سفر کی سرکاری دقتیں ختم نہیں ہوئی ہیں۔ ابھی افغانستان گورنمنٹ کے پاسپورٹ افسر کا ویزا اور صوبہ سرحد کے چیف سیکرٹری کے دستخط باقی ہیں جن سے سرحد کے عبور کرنے کی اجازت حاصل ہو گی۔ یہ کام بھی ختم ہوا۔ غالباً تین بجے سہ پہر کا وقت تھا۔ جب موٹر پشاور کے حدود سے باہر روانہ ہوا۔ تھوڑی ہی دیر کے بعد درۂ خیبر کے دہانے پر ُجمرود ٗ کی منزل آئی۔ موٹر ایک دفتر کے پاس جا کر کھڑا ہوگیا۔ یہاں برطانوی محکمۂ آمدورفت نے ہر شخص سے ایک ایک روپیہ اور موٹر سے چار روپے وصول کیے اور رسید دے دی۔ موٹر میں، میں تنہا ایک ملازم اور دوسرا شوفر تھا۔

اب ہم درّۂ خیبر کے اندر داخل ہو گئے۔ دونوں طرف پہاڑیوں کا طویل سلسلہ اور بیچ میں درّے کا پر پیچ راستہ تھا۔ حکومتِ انگریزی نے اپنے حدود تک سڑک نہایت عمدہ بنوائی ہے۔ درّے کا سب سے تنگ مقام مجھے وہ نظر آیا جہاں ُعلی مسجد ٗ نامی چھوٹی سی تاریخی مسجد ہے۔ مسجد کے پاس چائے اور سبزی اور پھلوں کی چند دکانیں ہیں۔ اسی مسجد تک ۱۹۲۷ء میں دو دفعہ پہلے بھی آچکا تھا اور یہاں ایک نماز ادا کرنے کا شرف بھی حاصل ہو چکا تھا۔ اس وقت پھر اس مسجد پر حسرت کی ایک نگاہ ڈالی۔ پہلے افغانستان اور ہندوستان کے درمیان یہی مسجد حدّ ِ فاصل تھی لیکن انگریزوں نے اس سے بھی آگے بڑھ کر اپنی سرحد قائم کی ہے۔

اس درّے کے اوپر اسی کے ساتھ ساتھ خیبر ریلوے کی لائن بچھی ہے جس کی تعمیر انگریزی انجینئرنگ کی حیرت انگیز کرامت ہے اور اس سے بڑھ کر انگریزی ریاست کی سب سے بڑی کامیابی ہے۔ یہ ریلوے تقریباً پندرہ میل تک اس طرح پھیلی ہے کہ کبھی

پہاڑی کی چوٹی پر اور کبھی وادی کے دامن میں اور کبھی کسی پہاڑی کے سینے کو چیرتی ہوئی نظر آتی ہے۔

بہر حال ان مناظر سے گزرتے ہوئے چار بجے کے قریب 'لنڈی کوتل' کی وسیع وادی میں قلعے کے سامنے جا کر موٹر پھر رکا۔ میدان میں سپاہی ورزشی کھیلوں میں مصروف تھے۔ شوفر اور میرا ملازم قلعے کے اندر گئے اور 'جمرود' کی رسید اور پاسپورٹ جا کر دکھا آئے۔ اس کے بعد آگے بڑھنے کی اجازت ملی اور موٹر نے پھر آگے کا رخ کیا۔ کچھ دیر کے بعد انگریزی سڑک کی صنعت کاری ختم ہوئی اور درّے کا فطری راستہ نمودار ہوا اور یہیں انگریزی سرحد کا آخری دفتر قائم تھا۔ ایک پہاڑی کے اوپر بنگلے میں درۂ خیبر ایجنسی کا دفتر تھا۔ شوفر اور ملازم نے جا کر یہاں پھر پاسپورٹ دکھائے اور برطانوی پاسپورٹ افسر نے 'Examined' کی مہر ثبت کی۔

یہاں سے نکل کر چند قدم آگے بڑھے تھے کہ افغانستان و ہندوستان کی موجودہ سرحد کا بورڈ نظر آیا جس پر انگریزی میں یہ لکھا تھا کہ "یہاں سے ہندوستان کی سرحد ہے اور کسی کو بغیر صحیح پاسپورٹ کے آگے بڑھنے کی اجازت نہیں" یہاں ریلوے لائنوں کے بیچ سے جانے والے راستے پر جس طرح ریل آتے وقت پھاٹک یا کسی چیز سے راستہ بند کر دیا جاتا ہے اسی طرح ایک لمبے ستون کو آڑا کر کے راستہ روک دیا گیا تھا۔ یہاں دونوں طرف کے سنتری کھڑے رہتے ہیں۔ اِدھر کے جانے والے اُدھر کے اور اُدھر کے آنے والے اِدھر کے سرحدار سپاہیوں کی اجازت سے اس روک کو اُٹھا دیتے ہیں اور مسافر پار ہو جاتے ہیں۔ چنانچہ حسبِ دستور سنتری نے برطانوی سرحد کے سپاہی سے جو پچھلے بنگلے کے پاس کھڑا تھا، ہاتھ کے اشارے سے دریافت کر کے روک کو دور کیا اور موٹر دفعتہً غلام ملک سے نکل کر آزاد ملک میں داخل ہو گیا۔

یہی مقام 'تورخم' کہلاتا ہے اور جو اب افغانی و ہندی سرحد ہے۔ مجھے ایسا معلوم ہوا کہ درّے کا جتنا حصّہ زیادہ پر پیچ اور مشکل ہے، جنگی اور سیاسی مصلحتوں کی بنا پر برطانوی

حکومت نے اپنے قصبے کو وہاں تک بڑھا دیا ہے۔ اب اس کے بعد درّہ نسبتاً پھیلنا شروع ہوتا ہے. اس سرحد سے چند قدم کے فاصلے پر ایک پہاڑی کے اوپر افغان حکومت کی پہلی چوکی 'تورخم' نامی واقع ہے۔ اس کے نیچے پانی کا چشمہ بہتا ہے اور ایک مختصر سے باغ یا چند درختوں کے جھنڈ کے سائے میں خالی زمین مسجد کا کام دیتی ہے۔ یہاں وضو کر کے عصر کی نماز ادا کی اور افغان افسر نے پاسپورٹ دیکھ کر راہداری کا محصول چار روپیہ وصول کیا۔

اب ہم افغان علاقے میں چل رہے تھے۔ درّے کا راستہ کشادہ ہوتا جارہا تھا۔ پاس کی پہاڑیاں دور ہٹتی جارہی تھیں۔ پانچ بجے کے قریب افغان مشرقی سرحد کے پاس پہنچ گئے جس کا نام 'ڈکہ' ہے۔ یہاں وادی وسیع ہے اور سامنے دریائے کابل کی نہایت کم چوڑی آبِ رواں کی چادر پھیلی ہوئی نظر آئی۔ ایک طرف افغانی سرحددار کا مغربی طرز کا بنگلہ تھا۔ دوسری طرف کی دیواروں کی عمارت کا ایک پھاٹک تھا جو افغانی سرحد داری کا دفتر تھا۔ یہاں ملازم نے پاسپورٹ دکھائے اور وہاں اس پر کابل جانے کی اجازت لی مہر لگائی گئی۔

اب شام ہو چکی تھی اور موٹر سنّاٹے کے عالم میں پوری تیزی سے دوڑ رہا تھا۔ کبھی کبھی پٹھان کاشتکاروں کا غول یا خانہ بدوش مسافروں کا کوئی مختصر سا قافلہ مل جاتا تھا جس کے ساتھ مویشیوں کا گلہ، باربرداری کے جانور یہاں تک کہ کسی بیل یا گدھے کی پیٹھ پر مرغیاں بھی بیٹھی نظر آتی تھیں۔ وادیوں میں کہیں کہیں کھیت بھی تھے۔ یکے بعد دیگرے افغانی چوکیاں بھی گزریں جن کے مکانات خام دیواروں کے تھے۔

درّۂ خیبر سے لے کر اُدھر خام مکانات کا رواج عام ہے اور غالباً اس سرزمین کی آب وہوا کا اثر ہے کہ اس قسم کے مکانات بارش میں محفوظ رہتے ہیں۔ اِدھر بارش تو کم ہوتی ہے پر یہاں کی سیرابی اور سرسبزی زیادہ تر برف کے پگھلنے سے جو چشمے جاری ہوتے ہیں، انھی سے ہے۔ واپسی میں ملتان میں بھی اسی قسم کے مکانات دیکھے۔ کابل وغزنی وغیرہ میں بھی

ایسے مکانات نظر آئے بلکہ تعجب ہوتا تھا کہ قلعے اور شاہی عمارتیں بھی اسی خام مٹی کی ہوتی ہیں۔ یہ مٹی نہایت چکنی اور لسدار ہے۔ کہگل کے بعد یہ دیواریں بڑی مستحکم ہو جاتی ہیں اور قلعوں میں کئی کئی گز چوڑی دیواریں ہوتی ہیں اور ان میں ہر کونے پر مٹی ہی کی بُرجیاں بنی ہوتی ہیں۔ دیواروں میں بندوقوں کے لیے بے شمار سوراخ ہوتے ہیں۔

درّۂ خیبر میں اور دوسرے آزاد سرحد میں ہر خاندان یا قبیلے کا اسی قسم کا الگ الگ قلعہ ہوتا ہے جو ہر ایک کو دوسرے کے حملے سے بچاتا ہے۔ اس چھوٹے سے قلعے کا سردار 'ملک' کہلاتا ہے۔ جمرود سے لے کر لنڈی کوتل تک اور اس کے بعد بھی اس قسم کے ملکوں کے قلعے بعض مسمار، بعض کھڑے بکثرت پائے جاتے ہیں۔ اسی قسم کی افغانی چوکیاں راستوں میں ملیں جن میں سے بعض اچھی خاصی بلند تھیں اور سپاہی سیڑھیوں سے چڑھ اُتر رہے تھے۔ چونکہ رات ہوگئی تھی اس لیے خیال تھا کہ کہیں ایسا نہ ہو کہ کسی چوکی پر ہم کو روک دیا جائے۔ مگر ڈکّے کے سرحدار سے کہہ کر ٹیلیفون سے نہ روکنے کی ہدایت کرادی گئی تھی۔

اب رات کے آٹھ بج چکے تھے۔ چاندنی چٹکی تھی۔ ہرطرف پہاڑوں کی دیواریں نظر آتی تھیں۔ کہیں کہیں پتھروں سے چشمے بہہ رہے تھے۔ انسانوں اور انسانی آبادیوں کا نشان میلوں تک نظر نہیں آتا تھا۔ گرم رفتار موٹر کی آواز کے سوا ہرطرف سناٹا تھا۔ اسی اثنا میں ایک پُل آیا جو گو نیا بنا تھا، ابھی استعمال میں نہیں آیا تھا۔ نیچے چشمہ بہہ رہا تھا۔ ڈرائیور نے موٹر نیچے اتار کر چشمے کے اندر سے گزر کر اوپر چڑھنا چاہا - انجن چشمے کے سرد پانی سے بجھ کر خاموش ہوگیا۔ اب بار بار انجن کو ہینڈل کر کے متحرک کرنے میں کچھ دیر لگی۔ باوجود اس خاموشی، تنہائی اور لق و دق میدان کے فضا میں امن و امان کا اطمینان چھایا تھا جس سے یہ نتیجہ نکلا کہ بحمداللہ، ملک میں مسافروں کو ہر گونہ امن و امان اور اطمینان حاصل ہے اور یہ ملک کی سب سے بڑی خوش قسمتی ہے۔

چند جھٹکوں کے بعد انجن گرم ہو کر پھر متحرک ہوا اور اوپر چڑھ کر اس منزل کو طے

کیا۔ اب جلال آباد قریب تھا۔ سڑک سیدھی اور صاف تھی۔ دو رویہ درختوں کی صفیں تھیں جن کو ختم کرنے کے بعد ہم کو جلال آباد کے چراغ نظر آنے لگے اور بالآخر آبادی آئی اور ہم 'باغِ شہید' نامی سرکاری مہمان خانے میں جا کر اترے۔ سیڑھی پر مامور صاحب استقبال کے لیے کھڑے تھے۔ باغ کے اندر یہ ایک بڑی عمارت تھی جس میں متعدد کمرے آراستہ اور مہمانوں کے لیے تیار تھے۔ انھی میں سے ایک کمرے میں ہمیں اتارا گیا۔ مسہری اور اس پر صاف بستر اور کمل قرینے سے لگے تھے۔ کمرے میں میز کرسی، آرام کرسی ہر چیز تھی۔

اس اکتوبر میں جلال آباد کا موسم پشاور کے برابر سرد تھا۔ یہاں پہنچ کر کے پہلے منہ ہاتھ دھو کر، وضو کر کے مغرب اور عشا کی یکجا مسافرانہ نمازیں ادا کیں۔ تھوڑی دیر میں کھانا آیا۔ کھانے کے بعد کابل کا مشہور سردہ اور انگور آئے۔ سردہ اتنا میٹھا اور ساتھ ہی سرد تھا کہ وہ اس ٹھنڈک میں ہم سے کھایا نہ گیا۔ رات بھر آرام کیا۔ صبح اٹھ کر نماز کے بعد باغ کی سیر کی۔ کس قدر پرلطف سماں تھا۔ روشوں پر دو طرفہ چنار کے لمبے لمبے درخت کھڑے تھے۔ یہ مہینے افغانستان میں موسمِ خزاں کے ہوتے ہیں۔ وہاں خزاں میں پتے خشک ہونے کے بجائے زرد ہو جاتے ہیں۔ ہر طرف زرد زرد پتوں کی ایک دوسری بہار نمودار تھی۔

افغانستان کی آبادیوں کے مکانات کی چھتیں خام اور منڈیر کے بغیر اور سفیدی یا گچ کے بجائے مٹی سے باہر سے لپے ہوئے ہونے کی وجہ سے ہندوستان کی عمارتوں کو دیکھنے کی عادی نگاہوں کو وہ پُر رونق نہیں معلوم ہوتی ہیں۔ مسجدیں بھی عموماً خام دیواروں کی اور گنبد و مینار سے خالی ہوتی ہیں اس لیے وہ دور سے ممتاز نظر نہیں آتیں اور اسی لیے باہر کے سیاحوں کو یہ آبادیاں دلکش اور آباد نہیں معلوم ہوتیں حالانکہ وہ مکانات اندر سے بہت عمدہ، آراستہ اور خوبصورت ہوتے ہیں۔ موجودہ شہر جلال آباد کی بھی یہی کیفیت تھی۔ مسافروں کے لیے ہوٹل یا کھانے کی دکانیں ہیں۔ چائے کے روسی سماور ہر جگہ گرم نظر آتے ہیں۔

جلال آباد سے تھوڑی دور چل کر سب سے پہلی آبادی ''نملا'' نامی آئی۔ افغانستان

میں پہلے جب موٹروں اور لاریوں کی سواریاں رائج نہ تھیں اور عموماً لوگ گھوڑوں یا اونٹوں پر سفر کرتے تھے تو عوماً ہر بارہ تیرہ میل پر پڑاوَ ہوتا تھا اور ہر پڑاوَ پر سرکاری عہدہ داروں اور مہمانوں کے قیام کے لیے مکانات بنے ہیں جن میں تمام سروسامان مہیا رہتے تھے۔ یہاں سڑکوں پر میلوں کے نشانات نہیں لگے ہوئے ہیں، اس سے مسافروں کو مسافتوں کے جاننے میں دِقتیں پیش آتی ہیں۔ اگر ملک کی 'وزارت امور نافعہ' اس کی طرف توجہ کرے تو یہ ذراسی اصلاح مسافروں کی بڑی الجھن کو دور کردے۔

'نملا' سے آگے بڑھ کر شاید ایک آدھ گھنٹے میں ہم فتح آباد پہنچ گئے۔ فتح آباد سے چل کر ڈیڑھ بجے دن کو ہم 'کولال' نامی قصبے میں پہنچے۔ آبادی مختصر مگر مشغول معلوم ہوئی۔ یہاں سے کابل تک پھر کوئی ایسا مقام نہ تھا اس لیے یہاں کھانے کا انتظام کیا گیا۔ ملکِ افغانستان کے اندر اب تک شاید سوا سو میل کے قریب ہم طے کر چکے تھے مگر اب تک کسی مسجد کے مینار سے نگاہیں نہیں ٹکرائی تھیں۔ یہاں آکر یک بیک خیال ہوا کہ کیا یہ پورا اسلامی ملک مسجدوں سے خالی ہے؟ میں نے دکاندار سے دریافت کیا کہ یہاں کوئی مسجد ہے؟ اس نے سامنے کے بلند چبوترے کی طرف اشارہ کیا۔ ظہر کا وقت تھا۔ وہاں گیا تو دیکھا کہ قصبے کی سب سے اونچی جگہ پر مٹی کا ایک چبوترہ ہے۔ اسی کے ساتھ چھوٹا سا دالان ہے۔ دالان میں صرف ایک دروازہ تھا۔ اس کو کھول کر دیکھا تو دیوار میں امام کی جگہ کے لیے محراب بنائی گئی تھی اور خطیب کے لیے بغل میں ایک دو زینے کا چبوترہ تھا۔ اب سمجھ میں آیا کہ چونکہ یہاں کی مسجدوں میں گنبد اور مینارے نہیں ہوتے اسی لیے وہ اجنبیوں کو مسجدیں نہیں معلوم ہوتیں۔

بہرحال مسجد میں ظہر اور عصر کی یکجا نماز ادا کر کے تین بجے کے قریب آگے چلے۔ اخیر مغرب کو شاید کابل سے پندرہ میل پہلے 'بت خاک' پہنچے۔ یہ گویا کابل کا پھاٹک ہے۔ پرانی وضع کا اچھا خاصا بازار ہے۔ آمدورفت کی کثرت بھی تھی۔ یہاں سرِراہ ایک مکان کے سامنے موٹر رکا۔ معلوم ہوا کہ یہاں کابل جانے کا محصول چنگی وصول ہوتا ہے۔

یہاں سے کابل جانے کا سیدھا راستہ ہے۔ سڑک چوڑی، ہموار اور صاف۔سڑک کے دونوں طرف چشمے بہہ رہے تھے۔ جیسے جیسے شہر قریب آتا جاتا تھا، روشنی کی رونق بڑھتی جاتی تھی۔اب شہر کابل کا چنگی خانہ آیا۔ یہاں موٹر کا نمبر، ڈرائیور کا نام، مسافر کا نام وغیرہ درج کیا گیا۔یہیں ٹیلیفون آیا کہ حکومت کی طرف سے چند نمائندے استقبال کے لیے آرہے ہیں۔ چند منٹ انتظار کیا جائے۔انتظار کو کچھ ہی منٹ گزرے تھے کہ پیچھے سے ایک تیز رفتار شاہی موٹر آکر رُکا اور اس سے چند اصحاب اترے جن میں سے ایک وزارتِ خارجہ کے اور دوسرے صاحب وزارت تعلیم کے نمائندے اور ایک دو اور بزرگوار تھے۔ انھوں نے خوش اخلاقی سے مصافحہ کیا اور اپنی اپنی وزارتوں کی طرف سے خوش آمدید اور مہمان نوازی کے الفاظ ادا فرائے اور مجھے اپنی کار پر لے کر شہر میں داخل ہوئے۔

(ماخوذ از سیرِ افغانستان)

۶۔ یورپ کشمیر۔ سوئٹزرلینڈ

سر عبدالقادر

کیسا ہی دلچسپ مقام کیوں نہ ہو، آدمی ایک جگہ رہتے رہتے اکتا جاتا ہے۔ لندن اس وقت مرجع انام ہے۔ لیکن چہارشنبہ ۱۸؍ جولائی ۱۹۰۶ء کے دن کوئی ہمارے جی سے پوچھتا لندن سے جانے کی کس زور سے آرزو تھی۔ دوپہر ڈھل چکی تھی۔ ہم ریل پر پہنچے۔ چند دوست ہمیں وداع کرنے آئے تھے اور کہہ رہے تھے کہ ہم قابل رشک ہیں کہ سوئٹزرلینڈ کی سیر کو جاتے ہیں۔ ہم بیتاب تھے کہ گاڑی چلے۔ دو بج کر بیس منٹ گزرے اور گاڑی چلی۔ لندن سے فوکسٹن تک دو گھنٹے کا راستہ تھا۔ بارہا دیکھا ہوا تھا۔ اس کے ہرے ہرے مرغزاروں سے انگلستان میں رہتے رہتے نگاہ کافی آشنا ہو چکی تھی مگر اس دن میں خدا جانے کیا جادو کی تاثیر تھی کہ وہ راستہ بھی غیر معمولی طور پر دلچسپ معلوم ہوتا تھا اور وہ اونچے اونچے کھیت جن میں بھیڑوں کے گلّے چرتے پھرتے تھے، نہایت دلفریب نظر آتے تھے۔ وہ تو کیا بدل گیے ہوں گے، ہماری نگاہ بدلی ہوئی تھی یا آنے والے مناظر انگلستان کی ناہموار مگر سرسبز زمین پر اپنا سایہ ڈال رہے تھے۔

فوکسٹن پہنچ کر ہم جہاز میں بیٹھے۔ حسنِ اتفاق سے دریا میں تموج کم تھا۔ ہنستے کھیلتے کھیلتے، کھاتے پیتے گھنٹے بھر میں ہم نے 'بولون' ساحل فرانس کو جالیا۔ 'مسٹر' کی جگہ موسیو! موسیو!! کا شور ہے۔ فرانسیسی حمال اسباب اٹھانے کو دوڑے آتے ہیں۔ بات بات میں سر سے پاؤں تک حرکت کرتے ہیں۔ کچھ پوچھو تو دونوں شانے ہلا کر اس طرح ''ژونہ سے پا''

کہتے ہیں کہ نیچے کا ہونٹ علامتِ انکار کے طور پر خود بخود آگے بڑھ جاتا ہے۔ بھویں اوپر کو کھینچ جاتی ہیں۔ ہم ان کی بات سمجھیں یا نہ سمجھیں، وہ اپنا مطلب خوب سمجھتے ہیں۔ اسباب اٹھا کر یہ جاوہ جا۔ بہت عنایت کی تو اشارے سے بلاتے جاتے ہیں کہ ادھر آؤ، ادھر آؤ۔ کوئی جانے ریل پر سوار کرانے جارہے ہیں مگر نہیں۔ دوان (چنگی خانہ) کا قضیہ پہلے در پیش ہے۔ فرانس میں تمباکو پر بہت محصول ہے اور زیادہ تر اسی کی پرسش ہوتی ہے کہ کہیں اسباب میں تمباکو تو نہیں۔ بعض دفعہ اسباب کھول کر دیکھتے ہیں۔ بعض دفعہ صرف پوچھتے ہیں۔ کوئی چیز چنگی کے قابل تو نہیں اور اعتبار کر لیتے ہیں۔ اس کے بعد ریل تیار ملتی ہے اور حمال اسباب لا کر گاڑی میں رکھ دیتے ہیں۔ پولون سے جب گاڑی چلی ہے تو چھ بجے تھے۔ آپن پہنچے تو رات ہوگئی تھی۔ اسٹیشن کے قریب آتے ہی دریچے سے سر نکال کر ہم نے بہت چاہا کہ شہر کے نقشے کا کچھ اندازہ ہو سکے مگر سوائے اس کے کہ چراغوں کی روشنی یہ بتائے کہ خاصہ بڑا شہر ہے، کچھ زیادہ پتہ نہ چلا۔ ہاں، تھوڑی دیر اسٹیشن کی سیر کی اور پھر گاڑی میں بیٹھے۔ ہمراہیوں نے سونے کی تیاری شروع کی مگر مجھے نیند کیونکر آتی! سوئٹزر لینڈ کو دیکھنے اور ایشیا کے سوئٹزر لینڈ۔ کشمیر سے اس کا مقابلہ کرنے کے لیے میں ہمہ تن انتظار تھا اور کہتا تھا کہ کب صبح ہوگی۔ مشکل یہ کہ رات کو باغ و راغ کا نظارہ بھی ممکن نہ تھا۔ اور تو کچھ نہ ہوسکا، ''اسٹیشن شماری'' جاری رہی۔ اگلے وقتوں کے لوگ اختر شماری کیا کرتے تھے۔ اب وہ ترکیب پرانی ہوگئی۔ میں ہر اسٹیشن کو اٹھ کر دیکھتا تھا اور اس کا نام پڑھ کر پنسل سے اپنی یادداشت کی کتاب میں ٹانک لیتا تھا۔ پہلے دو اسٹیشن جلد جلد آئے پھر دیر دیر سے آنے لگے۔ اس کے بعد چشمِ انتظار کو بھی خواب نے آلیا۔ رات آخر رات ہے۔ قدرت کا زبردست نظام اپنے احکام کی تعمیل کرائے بغیر کیسے چھوڑتا؟ صبح کے قریب ذرا سی دیر کے لیے آنکھ لگ گئی اور انتظار کا خاتمہ ہوگیا۔ آنکھ کھلی تو 'مول ہاورزن' اسٹشن پر گاڑی کھڑی تھی۔ یہاں سے گویا سوئٹزر لینڈ کا علاقہ اور جرمن زبان کا دور شروع ہوا۔ اشتہارات جرمن میں، مکانوں کے نام جرمن میں۔ کرخت جرمن بولنے والے شریکِ راہ ہونے لگے۔

مگر یہاں ان کی کسے فکر تھی ؟ صبح صادق کا سہانا سماں ، سوئٹزر لینڈ کا خوبصورت ملک، ریل کے دونوں طرف سبزہ ہی سبزہ اور سبزے پر شبنم کے موتی بہار دے رہے تھے۔ میں کوٹ پہن کر بیٹھ گیا اور علاقے کی سیر کرنے لگا۔ اتنے میں سورج نے سر نکالا۔ درختوں کے پتّوں سے ماہِ بہار کے ہلکے دھانی رنگ کی جھلک دکھانے لگا۔ ُبال‘ پر گاڑی رکی تو وہاں کی آبادی کو دیکھ کر جی خوش ہوگیا اور سب سے زیادہ خوشی یہ تھی کہ گھڑی دو گھڑی میں ’لوسرن‘ پہنچیں گے۔ صبح کے سات بجے گاڑی ایک عالیشان اسٹیشن پر تھی۔ ایک پرفضا جھیل ، اس کے کنارے درختوں کی قطار اور درختوں کے نیچے بلند اور شاندار عمارتیں۔ یہی ’لوسرن‘ تھا۔ دیکھتے ہی رات کی کلفت بھول گئی۔

’لوسرن‘ اسٹیشن نہایت عمدہ موقع پر واقع ہے. نکلتے ہی سامنے جھیل کا وسیع تختۂ آب ہے۔ دائیں ہاتھ کو عجائب خانے کی عمارت اور بائیں ہاتھ کو بڑے بڑے ہوٹل - یہاں کسی نے نہیں پوچھا کہ اسباب میں کیا ہے۔ یہاں کے لوگ مسافروں کو ہر طرح خوش کرنا چاہتے ہیں کیونکہ ان کی روزی مسافروں کی کثرتِ آمدورفت سے ہے۔ ہمیں دوسری صبح کے لیے کسی نئے نظارے کی فکر تھی اور لوسرن میں جو کچھ دیکھنا تھا، اس کے لیے یہی دن تھا۔ بس ہوٹل میں اسباب رکھتے ہی ہم منہ ہاتھ دھو کر باہر نکلے کہ بارہ بجے تک نزدیک کی چیزیں دیکھ آئیں۔

سوئٹزرلینڈ کا ہر حصّہ ویسے تو حسنِ قدرت کا ایک اعلیٰ نمونہ ہے مگر لوسرن اور اس کے قرب و جوار کو یہاں کی سینری کا خلاصہ کہہ سکتے ہیں۔ مناظرِ قدرت کے شیدائی دنیا کے ہر حصے سے یہاں آتے ہیں اور محبوبۂ بہار کو بصد رعنائی جلوہ گر پاتے ہیں۔ موسمِ گرما بسر کرنے کے لیے اس سے زیادہ مزے کی جگہ کیا ہوگی؟ جنھیں دولت اور فراغت دونوں میسر ہیں وہ تو یہاں آ کر مہینوں جانے کا نام نہیں لیتے بلکہ اس کو مرکز قرار دے کر گردونواح کی سیر کرتے ہیں اور پھر یہیں آجاتے ہیں۔ اندازہ کیا گیا ہے کہ ہر سال بہار کے آغاز اور گرما کے اختتام کے درمیان یعنی اپریل کے شروع سے ستمبر کے آخر تک کوئی تین لاکھ آدمی

دوسرے مقامات سے یہاں آتے ہیں، ان میں اگر آدھے راہرو فرض کیے جائیں جو آتے جاتے تھوڑی دیر کے لیے اس پر فضا مقام کی سیر کرتے ہیں تو آدھے ایسے ہوں گے جو یہاں معقول عرصے کے لیے قیام کرتے ہیں۔ انھی آنے جانے والوں سے یہاں کے کثیر التعداد ہوٹل اور دیگر مہمان خانے آباد ہیں اور انھی کے طفیل سیر وسفر کے لیے ہر طرح کی آسائشیں یہاں مہیا ہیں۔

آلپس کی چوٹیوں تک ہلکی ریل جاتی ہے۔ اس کی سڑک کو دور سے دیکھیں تو سانپ کی طرح بل کھاتی ہوئی قلّۂ کوہ چلی گئی ہے۔ گاڑی کو اس ڈھلوان سڑک پر لے جانے کے لیے اس کے انجن اور گاڑیوں کی ساخت میں ایسی کلیں لگائی گئی ہیں جن سے گاڑی قابو میں رہے اور نیچے کو لڑھک نہ جائے۔ جھیل کی سیر کے لیے ہر وقت دخانی جہاز چلتے ہیں جو مختلف قابل سیر موقعوں پر ٹھہرتے ہوئے جاتے ہیں اور ہر جگہ لوگ اتر کر تھوڑی دور پیدل سیر وتماشا کے لیے چلے جاتے ہیں. اس کے سوا گاڑیاں ہیں، گھوڑے ہیں، ہاتھ سے چلانے کی کشتیاں ہیں۔ جس مذاق کا آدمی ہو اپنی پسند کی سواری ڈھونڈ لے اور سیر کرتا پھرے۔ سبزہ وگل اور کوہ و دریا کے تماشے کے ساتھ شہروں کی زندگی کے مزے لینا چاہے تو جھیل کے کنارے گھنے سایہ دار درختوں کی دہری قطار ہے۔ وہاں کرسیاں اور بینچیں رکھی ہیں۔ لوگوں کا جماؤ رہتا ہے۔ بیٹھ جائے اور تماشا دیکھا کرے۔ شام کے قریب باجا بجتا ہے۔ شام کے بعد ناٹک وغیرہ کے تماشے ہوتے ہیں۔ جھیل کے کنارے روشنی ہی روشنی نظر آتی ہے اور مکانوں کے لیمپ اور سڑک کی لالٹین اپنا عکس پانی میں ڈالتی ہیں اور عجیب بہار دیتی ہیں لیکن اگر کوئی شہروں کی ان معمولی دلچسپیوں سے گھبرا کر یہاں آیا ہو اور گوشۂ تنہائی کا متلاشی ہو تو وہ آبادی سے کچھ دور نکل جائے۔ چاروں طرف مناظرِ قدرت اس کے مونس و ہمدم ہوں گے، درختوں کی ٹھنڈی چھاؤں اور برف پوش پہاڑوں کی دِل لبھانے والی ہوا۔ وہ ہوگا اور اس کے خیالات۔ نہ کوئی روکنے والا نہ کوئی ٹوکنے والا، نہ کوئی تخلیے میں خلل ڈالنے والا۔ اگر کہیں اسی شوق کا مارا، اسی کا ہم خیال کوئی اور بھی آنکلا تو وہ

اس گوشے کو آباد پا کر خود ہی اور گوشہ ڈھونڈ لے گا۔

لوسرن میں پہلی چیز جو ہم نے دیکھی وہ عجائب خانہ تھا۔بیس مختلف حصوں میں منقسم ہے۔ اس میں آلاتِ حرب اور طریق جنگ میں قدیم زمانوں سے لے کر آج تک جو تبدیلیاں ہوئی ہیں، سلسلہ وار دکھائی گئی ہیں۔ داخل ہوتے ہی ایک بڑا ہال ہے جو اسلحۂ جنگ سے پر ہے۔ وسط میں توپیں رکھی ہیں۔ پرانی سے پرانی توپوں سے لے کر زمانۂ حال کی کرپ توپیں تک یہاں موجود ہیں اور ہر ایک پر لکھا ہوا ہے کہ کون سی کس زمانے کی یادگار ہے۔ دیواروں پر ایک طرف نیزے، برچھیاں، تلواریں اور دوسری طرف طرح طرح کی بندوقیں سج رہی ہیں۔ ایک کمرہ اسلحۂ روما کے لیے ہے اور ایک ازمنہ وسطیٰ یورپ کے لیے۔ جنگِ سی سالہ اور جنگِ ہفت سالہ میں جو اسلحے استعمال ہوئے تھے ان کا علیحٰدہ مجموعہ ہے۔ پہاڑی لڑائی کا سین جُدا ہے، جنوب افریقہ کی لڑائی کا جُدا۔ یہ نظارے تاریک کمروں میں بڑی خوبی سے دکھائے گئے ہیں کہ دیکھنے والا اندھیرے میں ہوتا ہے اور سپاہیوں کی تصویروں اور اسلحوں پر روشنی پڑتی ہے۔ ان کے گرد جنگل، پہاڑ اور لڑائی کے میدان کا نقشہ ہو بہو دکھائی دیتا ہے اور یہ معلوم ہوتا ہے کہ لڑائی ہم اپنی آنکھ سے دیکھ رہے ہیں۔ آخر میں جنگِ روس و جاپان بھی موجود ہے۔ قلعہ بندی کے دستور کی ترقی کے مدارج، بیماروں اور زخمیوں کے اٹھانے اور لے جانے کی تدابیر، جنگ میں عارضی پل بنانے اور توڑنے کے نمونے، بحری لڑائی کی خصوصیات، سب کا ایک خاکہ ذہن میں آجاتا ہے۔ ان سب کے بعد 'ضلع کا محل' آتا ہے۔ وہاں یورپ کے سب بڑے بڑے مدبّروں کی تصویریں رکھی ہیں جو عام صلح کے حامی ہیں اور مجالس صلح میں شریک ہو چکے ہیں۔

اسی عجائب خانۂ صنعت سے نکل کر ہم ایک عجائب خانۂ قدرت کی طرف گئے جسے یہاں 'گلیشیر گارڈن' یعنی 'تودہ ہائے برف کا باغ' کہتے ہیں۔ برف کے یہ تودے اس زمانے کی یادگار ہیں جب سارا سوئٹزرلینڈ برف کے نیچے دبا ہوا تھا۔ ۱۸۷۲ء تک یہ قطعۂ زمین، جہاں اب عجیب برفانی باغ ہے، ایک چراگاہ تھا اور اس کی ہری ہری گھاس کے

نیچے 'برفانی کارخانہ' جاری تھا مگر کسی کو اس کی خبر نہ تھی۔ اتفاق سے ایک جگہ زمین میں سوراخ ہوگیا اور وہاں سے اس 'برفانی چکی' کی آواز آئی۔ کھودنے پر یہ عجوبہ نظر آیا اور پھر ایک چکی کے دریافت ہونے سے اسی قرب میں کئی چکیاں نکل آئیں اور پھر اس حصے کو تماشائیوں کو محوِ حیرت کرنے کے لیے آراستہ کر دیا گیا۔ اس کھدائی میں اُس عہد کے جانور اور درخت ملے جو پتھر کی طرح سخت بن چکے تھے۔ اب لوگ جوق در جوق ان عجائبات کو دیکھنے آتے ہیں۔ تواریخ و جغرافیہ دونوں علوم کے شائقین کی دلچسپی کا سامان یہاں موجود ہے۔ سوئٹزرلینڈ کے قدیم باشندوں کی جھونپڑیاں، ان کے ہتھیاروں اور اوزاروں کے نمونے بھی اسی احاطے میں ایک جگہ دکھائے گئے ہیں اور عام تماشائیوں کی دلچسپی کے لیے ایک نہایت خوشنما بھول بھلیاں بنائی گئی ہے جو عربوں کے مشہور 'قصر الحمرا' کی بھول بھلیاں کی نقل ہے. بھول بھلیاں سے نکلتے ہی باغ کا وہ حصہ سامنے آتا ہے جہاں چٹان کاٹ کر ایک شیر بنایا گیا ہے جس پر شہر لوسرن کو ناز ہے اور جو فی الواقع سنگ تراشی کا ایک عمدہ نمونہ ہے۔ باغ سے لوٹتے ہوئے ''ہوف کرک'' جو کیتھولک مذہب کا بڑا گرجا ہے، راستے میں پڑتا تھا۔ ہم نے اسے بھی ایک نظر دیکھا۔ بلندی پر واقع ہے اور بہت سی سیڑھیاں چڑھ کر اس کے دروازے پر پہنچتے ہیں۔ عام طور پر عیسائی گرجاؤں میں ایک مخروطی مینار ہوتا ہے اس گرجا کی خصوصیت یہ ہے کہ اس کے دو مخروطی مینار بنائے گئے ہیں جنھیں 'جڑواں مینار' کہتے ہیں۔ اس گرجا کی شہرت صرف اس کی بڑائی اور وسعت کے لحاظ سے نہیں بلکہ اس کے ارغنوں (ایک قسم کا باجا) سے ہے۔ یورپ کے گرجاؤں کے ارغنوں بجائے خود عجائبات ہیں۔ دھات کی لمبی لمبی بانسری نما نلیاں متوازی رکھ کر ایسی بلند اور سریلی آواز پیدا کی جاتی ہے کہ گرجا گونج اٹھتا ہے۔ فن موسیقی کے ماہر ایک ایک ارغنوں کی ساخت میں اپنا کمال صرف کرتے ہیں۔ چار ہزار نو سو پچاس بانسریاں اس ارغنوں میں ہیں۔ لوگ دور دور سے اس کا راگ سننے آتے ہیں۔ شام کے وقت ہر روز یہ ارغنوں بجتا ہے اور اس وقت کا داخلہ ایک فرانک (دس آنے) ہوتا ہے۔

جھیل لوسرن جس سے شہر لوسرن نے نام پایا ہے، اس ملک کی نہایت خوبصورت جھیلوں میں سے ہے اور بعض اعتبارات سے سب سے بڑھ کر گنی جاتی ہے اس کا طول تیئس میل ہے۔ عرض آدھے میل سے لے کر تین میل تک ہے۔ چاروں طرف بلند پہاڑوں کی سیر سبز چوٹیاں اور درمیان میں یہ جھیل عجیب بہار دیتی ہے۔ جس سیاح کو فرصت ہو وہ یہاں مہینوں رہے اور روز کشتی میں بیٹھ کر سیر کو جائے۔ جہاں کہیں خشکی پر اتر کر کوہستان کی سیر کرے گا اس کے لیے کوئی نہ کوئی قابل دید منظر موجود ہوگا۔ ہمیں صرف ایک دن کی مہلت دی گئی تھی اس لیے ہم گرجا سے واپس آتے ہی کشتی پر بیٹھ کر جھیل کی سیر کو نکلے۔ مطلع صاف تھا۔ ہوا خوش گوار تھی۔ گرد و پیش کے مناظر مزا دے رہے تھے۔ ابھی لطف سے سیری نہیں ہوئی تھی کہ وہ اسٹیشن آ گیا جہاں سے ہلکی پہاڑی ریل سے بیٹھ کر کوہ آلپس کی مشہور چوٹی "رگی کلم" کی سیر کو جاتے ہیں۔ ہم وہیں اتر پڑے اور ریل پر سوار ہو لیے۔

ریل سانپ کی طرح بل کھاتی ہوئی پہاڑ پر چڑھنے لگی۔ ایسی ایسی ڈھلوان چوٹیوں پر چڑھتی ہے کہ اب گری کہ اب گری مگر فن انجینیری کی خوبی دیکھیے کہ گاڑیوں اور آہنی سڑک دونوں کی ساخت میں وہاں یہ خصوصیت پیدا کی ہے کہ گاڑیاں لڑھکنے نہ پائیں اور مزید احتیاط کے لیے اوپر جاتے وقت انجن نیچے سے اوپر کو ڈھکیلے لیے جاتا ہے اور' رگی کلم' پر جا کر ٹھہرتا ہے جو اس سطح سے جہاں سے ریل چلی تھی چار ہزار تین سو فٹ اور سطح سمندر سے پانچ ہزار نو سو پانچ فٹ بلند ہے۔ صبح و شام سیکڑوں تماشائی اس چوٹی پر موجود رہتے ہیں اور جو تماشا وہاں انھیں نظر آتا ہے، الفاظ اس کے بیان سے قاصر ہیں۔ یہ سین اہلِ نظر کے دل چھینے لیتا ہے. اس پر طرّہ یہ کہ اس سے اونچی چوٹیاں اسی سے قریب برف سے ڈھکی ہوئی نظر آتی ہیں۔

ہم چپ چاپ اس نظارے کو دیکھا کیے اور اِرد گرد کے شور سے بے پروا، شام تک اسی محویت میں پڑے رہتے۔ اگر ریل کی سیٹی یہ یاد نہ دلاتی کہ شام سے پہلے واپس جا کر جھیل کے کنارے چراغاں کی سیر بھی دیکھنے کے لائق ہے۔ اٹھے مگر بادلِ ناخواستہ!

اسی چوٹی پر ایک بڑا عالیشان ہوٹل مسافروں اور تماشائیوں کے آرام اور تفریح کے لیے بنایا ہوا ہے۔ وہ سامنے تھا۔ اس کے خوش نما صحن میں میزوں کے اِرد گرد لوگوں کے جمگھٹے دیکھ کر ہمیں بھی یاد آیا کہ چائے کا وقت ہے۔ وہاں چائے پی۔ تازہ دم ہوئے اور ریل پر پہنچے۔ واپسی پر ریل تیز تر چلی۔ کوئی آدھے گھنٹے میں ہم جھیل کے کنارے تھے۔ وہاں کشتی فوراً مل گئی اور ہم اپنی قیام گاہ کے قریب آ پہنچے۔ تھوڑی دیر تک کنارِ آب کی سیر کرتے رہے۔ آخر تھک کر ہوٹل میں آئے، کھانا کھایا اور سو گئے کیونکہ سفرِ اٹلی درپیش تھا۔

(منقول از ادبی شیرازے)

❖❖❖

۷۔ یہ لندن ہے

سید احتشام حسین

یہ لندن ہے۔ اس لفظ میں کتنی داستانیں، رنگین اور خونیں کہانیاں، تہذیبی مرقعے، تاریخی واقعات اور شعروادب کے خزانے پوشیدہ ہیں۔ اس لفظ سے کتنی باتیں، کتنی یادیں متعلق ہیں! اسے تو خاص نظر سے دیکھنا ہے۔۔۔۔ لندن کو۔۔۔۔۔ دنیا کے سب سے بڑے شہر کو جس کی رونق اور گرم بازاری میں ہمارا لہو بھی صرف ہوا ہے۔

نہ جانے کب سے لندن کے متعلق پڑھتے اور سنتے چلے آئے ہیں۔ سڑکوں کے نام اور عمارتوں کی تصویریں بچپن سے دیکھ رہے ہیں۔ بہرحال ہوا یہ کہ لندن کا پہلا اثر بہت اجنبی نہیں تھا۔ لندن اپنے موسم ہی سے پہچانا جاتا ہے لیکن کل یہاں دھوپ تھی۔ ہائیڈ پارک کے خزاں زدہ درختوں میں کہیں کہیں ہری کونپلیں نظر آرہی تھیں۔ بعض سڑکوں کے کنارے لکڑی اور لوہے کے ڈھانچے کھڑے کیے جارہے ہیں کہ جشنِ تاجپوشی قریب ہے۔ یہ کیسا اتفاق ہے کہ امریکہ پہنچا تو صدر کے انتخاب کا ہنگامہ بپا تھا۔ یہاں آیا ہوں تو تاجپوشی کا غوغا ہے۔ ہاں! وقتی طور پر کوئین میری کے انتقال نے ساری توجہ ان کے جنازے کی طرف موڑ دی ہے۔ ہما ہمی وہی ہے۔ سچ کہا ہے غالبؔ نے :

ایک ہنگامے پہ موقوف ہے گھر کی رونق
نوحۂ غم ہی سہی ، نغمۂ شادی نہ سہی

کل لندن سٹی کے علاقے میں جانے کا اتفاق ہوا۔ گذشتہ جنگ کی بہیمانہ بمباری کے نشانات کھنڈروں کی صورت میں اب بھی موجود ہیں اور بہت ہیں۔ تعمیر کا کام تیز رفتار

نہیں معلوم ہوتا۔ یوں تو بعض اوقات، سارا شہر دھوئیں میں جھلسا ہوا اور بم زدہ معلوم ہوتا ہے لیکن اس علاقے میں پہنچ کر اس کا زیادہ احساس ہوا۔ قریب ہی بڑے بڑے انگریزی اور غیر ملکی بینک ہیں اور کچھ دور ہٹ کر سینٹ پال کا مشہور گرجا گھر ہے۔ اندر جا کر اس کے حسنِ تعمیر اور تاریخی عظمت کا احساس ہوتا ہے۔ گوشے گوشے سے تاریخ وابستہ ہے اور انگریزی شہنشاہیت کے لیے جان دینے والوں کے مجسّمے اس کے نوادر میں سے ہیں۔ گنبد کا حسن اور نقاشی کے نمونے سرسری نگاہ سے دیکھنے والوں کو بھی متوجہ کرتے ہیں۔

لندن کا جادو مجھ پر کام کرنے لگا ہے۔ مجھے یہاں کی عمارتیں خوبصورت معلوم ہو رہی ہیں۔ پارک دلکش ہیں۔ گلیوں کے پیچ و خم اچھے معلوم ہوتے ہیں۔ سڑکوں کے انجانے موڑ پر پہنچ کر اچانک کسی تاریخی عمارت یا مجسّمے کا نظارہ دلفریب معلوم ہوتا ہے۔ اب نگاہیں بعض علاقوں سے مانوس ہو رہی ہیں۔ اب محسوس ہو رہا ہے کہ لندن کی اصل کشش کا راز دریافت کرنے میں وقت لگے گا۔ خبر نہیں میرے اور اس کے درمیان کون سا حجاب حائل ہے اور کتنے! ناشتہ کر کے نکل پڑا کہ برٹش میوزیم دیکھوں گا۔ بارش راستہ کاٹتی رہی، کتابوں کی دکانیں دامن گیر ہوتی رہیں پھر بھی میں چکّر کھاتا ہوا 'بلومبری' پہنچ گیا۔ برٹش میوزیم کی وسیع اور پہاڑ کی طرح کھڑی ہوئی عمارت نے خود متوجہ کیا۔ دور کھڑے ہو کر میں نے اس کی وسعت کا اندازہ لگایا۔ سامنے اونچے برآمدے کی منڈیر پر بنے ہوئے سنگی مجسموں کو دیکھا جو یونانی اور رومن انداز میں علم و فن کی علامتیں ہیں۔ میں اندر داخل ہو گیا۔ خوشی اور حیرت کا عجیب جذبہ مجھ پر طاری ہے اور یہ خوف سا کیوں ہے؟ میرا دل کیوں دھڑک رہا ہے؟ بڑے ہال میں ابھی صرف ایک طرف ہندوستانی مجسّمے اور دوسری طرف یونانی اور رومی مجسمے دکھائی دے رہے ہیں مگر میں تو اس کشمکش میں ہوں کہ کیا دیکھوں؟ اور کس طرح! گھنٹہ بھر تو انھی کو دیکھتا رہا۔ دائیں جانب ایک نمائش گاہ میں گیا جہاں اہم لوگوں کے دستخطی خطوط، مسودات اور قدیم کتابوں کے نایاب نسخے رکھے ہوئے ہیں۔ کچھ وقت وہاں گزرا اور یہ سوچ کر واپس آیا کہ اس میوزیم کے متعلق کچھ پڑھ لوں گا، اس کے نقشے کو سمجھ لوں گا تو

پھر آؤں گا۔

انڈیا آفس لائبریری کا شوق گیارہ بجے وھائٹ ہال کی سڑکوں پر لے گیا۔کبھی یہیں ساری دنیا کی نبضیں رکھی جاتی تھیں۔کئی ہندوستانی اور انگریز اکٹھا ہو گئے اور ہم لوگ انڈیا آفس میں داخل ہوئے۔کیسی بڑی پیچیدہ اور مضبوط عمارت ہے! مختلف راہوں سے گزرتے ہوئے ہر طرف کتابوں کے ڈھیر، تصویریں اور مجسّمے نظر آرہے ہیں۔ پھر لائبریری کا اصل حصہ ملتا ہے۔کتابوں کا، تصاویر اور نوادر کا بڑا ذخیرہ ہے! خدا کی پناہ! کوئی مانے یا نہ مانے، میرے دل میں یہ خیال پیدا ہو رہا ہے کہ یہاں یہ چیزیں محفوظ ہیں۔اگر ہندوستان میں ہوتیں تو اب تک کب کی تباہ ہو چکی ہوتیں۔کیا دیکھوں اور کیا نہ دیکھوں! دو صدیوں میں ہر طرف سے مخطوطات اور مرقعے سمٹ کر یہاں آئے ہیں۔اس لائبریری کا سلسلہ ۱۸۰۱ء میں شروع ہوا تھا۔اِس وقت اس میں تقریباً ڈھائی لاکھ مطبوعہ کتابیں اور اکیس ہزار مخطوطے ہیں۔

شام ہو چکی تھی۔بارش تھم گئی تھی اور مجھے تھکن کا احساس تھا لیکن اکیڈیمی میں پہنچا تو یکا یک لندن کی ایک خوبصورت شام کا احساس مجھ پر پھٹ پڑا۔زندگی کی عظیم الشان چہل پہل اور دلکشی مجھے ہمیشہ افسردہ کر دیتی ہے اور کوشش کرتی ہے کہ ایک بھلے چنگے آدمی کو فلسفی بنادے۔آج بھی مجھ پر یہی کیفیت طاری ہوئی۔پکیڈلی کے ایک ریستوران میں بیٹھ گیا۔کون کہتا ہے کہ زندگی حسین نہیں ہے! یہ خوبصورت دن، یہ حسین راتیں، یہ پرجلال آفتاب اور یہ چاند ستاروں کا حسن، یہ نورونکہت کی فراوانی اور یہ بادلوں کی ہما ہمی، یہ گل بیز چمن اور پھولوں کے یہ عناں گیر رنگین تحفے، یہ نغموں کا بہتا ہوا سیلاب اور مصّوری اور مجسّمہ سازی کے معجزے، یہ شاندار عمارتیں اور یہ ہنستے ہوئے بے فکر لوگ، یہ تفریح کدے اور یہ رقص گاہیں، یہ کتب خانے اور میوزیم، یہ تہذیب کی برکتوں سے مالا مال زندگی! کون کہتا ہے کہ زندگی حسین نہیں ہے!

یہ علم وفن کے دریا بہانے والے دانشور، یہ قربانیاں دینے والے سیاسی کارکن، یہ زندگی اور سماج کی دھڑکن سننے والے انسان دوست، یہ آگے بڑھنے کے لیے جدوجہد کرتی

ہوئی انسانیت! کیا ان میں حسن نہیں ہے؟ لیکن ٹھہرو۔۔۔۔۔۔میرے اندر کوئی اور بولنے لگا۔ یہ مفلسی کا شباب، یہ جوانوں کے زرد چہرے اور پھیکے تبسم، یہ بھیک مانگتی نگاہیں، یہ بیمار بچے، یہ سرمایہ داروں کے ماتھے کی شکن اور مزدوروں کے جسم کا پسینہ، یہ ہونٹوں پر سوئے ہوئے سوال اور یہ اظہارِ حقیقت پر پابندی، یہ طاقت کا نشہ اور کمزور کی بے بسی، یہ رنگ اور نسل کی خلیج اور قتل و غارت گری کی گرم بازاری! کیا میں یہ سب کچھ اس لیے سوچتا ہوں کہ افسردہ ہو جاؤں؟ آخر تسکین حیرت کے جذبات بھی تو کچھ مطالبات رکھتے ہیں!

جشن تاجپوشی لندن کی تاریخ میں سب سے اہم واقعہ ہے اور کہا جاتا ہے کہ شاید یہ آخری جشن ہو اس وجہ سے سب سے بڑا بھی ہے۔ جشن سے ایک دن پہلے لندن کے اندر مختلف راستوں سے چالیس ہزار بسیں داخل ہوں گی۔ اس سے ہنگامہ آرائی کا کچھ اندازہ ہو سکے گا۔ تاجپوشی کے متعلق اپنے تاثرات پر لکھوں گا لیکن آج جو بات میں نے محسوس کی وہ تو لکھ ہی دوں۔ مجھے دو بجے کی گاڑی سے کیمرج جانا تھا۔ گیارہ بجے ہی گھر سے نکل کھڑا ہوا اور عمداً وہ بس لی جس سے شہر کا زیادہ حصّہ دیکھ سکوں۔ اس بس نے تقریباً ڈیڑھ گھنٹے میں لیور پول اسٹیشن پر پہنچایا اور اکثر ایسے راستوں سے گزری جس سے کارونیشن کا جلوس گزرنے والا تھا۔ سڑکوں پر اتنی بھیڑ کہ گزر مشکل ہے۔ باہر سے آئے ہوئے لوگ اجنبیت سے اور لندن کے لوگ غرور سے سڑکوں، دکانوں اور مکانوں کی آرائش دیکھ رہے ہیں۔ اِس آرائش میں حسن اور تناسب کم، رنگینی اور متوجہ کرنے والی کیفیت زیادہ ہے؛ بہت زیادہ ہے اس لیے کوئی نظر انداز بھی نہیں کرسکتا۔

امریکہ اور انگلستان میں بہت سے لوگوں نے مبارکباد دی تھی اور ان آنکھوں پر رشک کیا تھا جو کارونیشن کی بہاریں دیکھیں گی۔ کس سے کہتا کہ یہ آنکھیں جس جشن بہاراں کی منتظر ہیں وہ کچھ اور ہی ہے! اتنے شوخ رنگ نہ ہوں، دولت کا مظاہرہ نہ ہو، یہ ضبط اور نظم نہ ہو، یہ غیر ملکی تماشائیوں کا ہجوم نہ ہو لیکن اس جشن میں مستقبل کے یقین سے دھڑکتے ہوئے دلوں کی موسیقی اور عام انسانوں کے احساس مسرت کی سرخی اور رنگینی شامل ہوگی۔ اس کا

کارواں سفر میں ہے اور کئی جگہ ڈیرے ڈال چکا ہے۔ کئی جگہ اس کے پڑاؤ کی تیاریاں ہورہی ہیں۔ مجھے یقین ہے کہ وہ کارواں ہر دور سے گزرے گا۔ اس وقت جشن ہوگا۔ اس وقت بہار آئے گی۔ اس وقت میں بھی خوش ہوں گا۔

اس میں شک نہیں کہ یہ ایک حرکتِ مذبوحی ہے اور اس وقت جب تعمیری کاموں پر قومی دولت صرف کرنے کی ضرورت ہے، محض ملکہ کی تاجپوشی اور شاہی وقار کی نمائش پر بے دریغ روپیہ خرچ کرنا کوئی معنی نہیں رکھتا لیکن ایک لحاظ سے دوسری جگہوں کی دولت سمٹ کر لندن کے بازاروں میں اسی بہانے سے آ بھی رہی ہے اور جشن تاجپوشی ایک تجارتی سودا بھی بن گیا ہے۔ زیادہ تر مکانوں پر ملکہ کی تصویریں، یونین جیک اور دوسرے نشانات آویزاں ہیں۔ کیا یہ تمام لوگ ملک سے محبت اور وفاداری کا ثبوت دے رہے ہیں؟ میرا تو خیال ہے کہ بہت سے لوگوں نے محض رسماً ایک قومی تہوار کی طرح اسے ایک خوشی اور دلچسپی کا دن قرار دے دیا ہے۔ حالانکہ ایسے لوگوں کی بھی کمی نہیں جو تین تین دن سے بارش اور سردی میں سڑکوں کے کنارے پڑے ہوئے، جلوس کے گزرنے اور اس کی ایک جھلک دیکھ لینے کا انتظار کررہے ہیں۔

لوگ کہتے ہیں کہ اتنا شاندار جشن تاجپوشی کبھی نہیں ہوا۔ اتنے آدمی کبھی باہر سے نہیں آئے۔ غالباً یہ ساری باتیں ٹھیک ہیں۔ میں غور کرتا ہوں تو بعض باتیں سمجھ میں نہیں آتی ہیں۔ زوال پذیر انگلستان کے لوگ کس طرح اپنی خوش خیالی میں اس الزابیتھ کے عہد حکومت کو اس الزابیتھ اوّل کے دور کی طرح خوش حال دیکھنے کے متمنّی ہیں جس کے زمانے میں انگلستان، انگلستان بنا۔ یہ خیال ایک موہوم خواہش بن کر بہت سے دلوں میں جاگزیں ہے۔ کچھ لوگ ملکہ کے حسن سے بھی متاثر ہیں۔ کچھ اس کے کم عمر ہونے اور عورت ہونے سے۔ بعض بڑی بوڑھیاں یہ بھی سوچتی ہیں کہ اس کم سنی میں اس کے کندھوں پر اتنی بڑی حکومت کا بوجھ رکھا جارہا ہے۔ بہرحال بہت سی باتیں مل گئی ہیں اور یہ جشن انگلستان کی تاریخ میں یادگار بن گیا ہے۔

(ماخوذ از ساحل اور سمندر)

ایرانیوں کے درمیان

عتیق صدیقی

تہران اور اس کے مضافات کے قدرتی مناظر کی دلکشی و دل فریبی کا اندازہ وہی لوگ لگا سکتے ہیں جنھوں نے ان کو دیکھا ہے، جس کی سڑکوں کے اکثر گوشوں سے کوہِ دماوند کی بلند و بالا چوٹیاں، کہیں سے گھورتی اور کہیں سے جھانکتی نظر آتی ہیں، جن کی بلندی دیکھ کر ایرانیوں کا سرِ افتخار بلندتر ہو جاتا ہے اور جن کی طرف اشارہ کر کے اکثر ایرانیوں نے سوال کیا۔

"اتنا اونچا کوئی پہاڑ تمھارے دیس میں ہے؟"

"ہمارے ملک میں تو دنیا کا سب سے اونچا پہاڑ ہے!"

اس جواب سے ہر مخاطب کو حیرت ہی نہیں ہوئی بلکہ اسے باور کرنے پر بھی وہ اپنے آپ کو مشکل ہی سے آمادہ کر سکا۔ ہندوستان کے بارے میں ایرانیوں کی معلومات حد درجہ محدود ہے۔ دانشگاہِ ایران کے پوسٹ گریجوٹ کلاس کے ایک طالب علم نے، جو کسی ضرورت سے میرے دفتر آیا تھا، پوچھا "تمھارے یہاں کوئی یونیورسٹی بھی ہے؟" ایرانی نوجوان کے اس سوال کو میں پی گیا اور کچھ اِدھر اُدھر کی باتیں کرنے کے بعد کمرے میں اس وقت جتنی چیزیں بھی مجھے نظر آئیں بلب اور پنکھوں سے لے کر کاغذ اور روشنائی تک، ایک ایک کے متعلق پوچھا کہ یہ تمھارے ملک میں بنتی ہیں یا باہر سے آتی ہیں۔ قالین اور سگریٹ کے علاوہ، ہر چیز کے متعلق اس نے یہی کہا کہ باہر سے آتی ہے۔ یہ سب چیزیں

ہم اپنے ملک میں بناتے ہیں۔ ''بخدا دروغ میگوئی'' (بخدا آپ جھوٹ بولتے ہیں) کرسی سے کھڑے ہوئے اس نے بے اختیار کہا۔ ''ابھی تم نے سوال کیا تھا'' اس کے دروغ گوئی کے بہتان کو نظرانداز کرتے ہوئے میں نے کہا کہ ''ہمارے ملک میں کوئی یونیورسٹی بھی ہے؟ ہندوستان میں گیارہ صوبے ہیں۔ جس صوبہ کا میں رہنے والا ہوں، اس کا رقبہ ایران سے شاید کم ہی ہو، لیکن وہاں چار یونیورسٹیاں ہیں۔'' اس جواب کے ساتھ ''اسٹیٹمسن ایئر بک'' میں نے اس کے سامنے رکھ دی جو میری میز پر ہی رکھی تھی۔

اسے دیکھ کر وہ خاموش تو ہوگیا لیکن اس کا چہرہ کہہ رہا تھا کہ اب بھی اسے یقین نہیں آیا ہے۔

جدید فارسی میں المانی، فرانسیسی اور انگریزی الفاظ، خصوصاً فنی الفاظ اور اصطلاحیں بے پناہ داخل ہوگئی ہیں۔ ان میں سے اکثر کی ہئیت ایران کی صوتی خصوصیات نے بدل ڈالی ہے۔ عربی الفاظ کو ترک کرنے کی روش نے بھی جدید فارسی کو قدیم فارسی سے الگ کرنے میں نمایاں حصّہ لیا ہے۔ اس کی بہت اچھی مثال لفظ 'عادل' ہے۔ ایک ایرانی دوست سے میں نے ''نوشیروانِ عادل'' کا ذکر کیا۔ ''این آغا کہ بودند؟'' (یہ صاحب کون تھے؟) ناک بھوں چڑھا کر انھوں نے سوال کیا۔ جب میں نے مزید تشریح کی تو بڑے معصومانہ انداز میں اس دوست نے بتلایا کہ جس ہستی کا ذکر میں نے کیا ہے اسے ایران میں ''نوشیروانِ دادگر'' کہتے ہیں۔ انھی نے مجھے بتایا کہ تہران میں ایک اسکول بھی نوشیروانِ دادگر کے نام سے ہے جسے (ہندوستانی) پارسی چلاتے ہیں۔

عربی کے بعض الفاظ جو فارسی میں باقی بھی ہیں وہ اُردو سے مختلف معنوں میں مستعمل ہیں۔ ایک ایرانی کتب فروش نے جس سے میری خاصی واقفیت ہوگئی تھی۔ ایک مرتبہ مجھ سے پوچھا کہ میں کیا کام کرتا ہوں۔ میں نے جواب دیا ''صحافی ہستم (صحافی ہوں)۔ یہ سن کر اس نے عجیب انداز سے میری طرف دیکھا۔ جب میں نے اس سے حیرت کی وجہ پوچھی تو اس نے بتلایا کے ''صحافی'' تو جلدساز کو کہتے ہیں۔

زبان و بیان کے اختلاف سے قطع نظر، ہندوستان و ایران کے کلچر میں بڑی مماثلت ہے مثلاً ایرانیوں کا تکلّف جسے اپنی بولی میں وہ 'تعارف' کہتے ہیں، اس گزشتہ لکھنؤ کی یاد دلاتا ہے جو اب بڑی تیزی سے معدوم ہو رہا ہے۔ کسی ایرانی کے گھر میں آپ جائیں تو صاحبِ خانہ، خواہ عمر میں آپ سے کتنا ہی بڑا کیوں نہ ہو، کبھی بھی آپ کے آگے نہیں چلے گا بلکہ آپ کے پیچھے ہی چلنے پر اصرار کرے گا۔ آپ اس سے لاکھ کہیے لیکن وہ آپ کی ایک نہ سنے گا اور آپ کو آگے چلنے پر مجبور کر دے گا۔

یہی حال ان کی مہمان نوازی کا بھی ہے۔ ایرانی، چائے کے بڑے لتّی ہوتے ہیں۔ جنگ کے دنوں میں زندگی کی اور ضروریات کی طرح چائے بھی عنقا تھی۔ شکر کا بھی یہی حال تھا۔ فوجی باورچی خانوں کی استعمال شدہ سکھائی ہوئی چائے ایرانی چائے خانوں میں اور متوسط طبقے کے گھرانوں میں عام طور پر استعمال کی جاتی تھی۔ امریکی، انگریزی اور ہندوستانی کینٹینوں کے مینجروں کی وساطت سے اور چیزوں کی طرح چائے اور شکر بھی تھوڑی بہت بازار میں آجاتی تھی جس کے منہ مانگے دام ملتے تھے۔ معمولی قسم کی چائے جو کینٹن میں تین چار روپے پونڈ ملتی تھی، بازار میں وہ پچیس تیس روپے پونڈ سے کم میں نہیں ملتی تھی۔ نچلے اور نچلے متوسط طبقے کے ایرانی بلا شکر کی چائے پیتے تھے۔ کچھ لوگ قند کا چھوٹا سا ٹکڑا بھی اپنے پاس رکھتے تھے اور چائے پینے کے بعد منہ کا مزہ بدلنے کے لیے اس ٹکڑے کو زبان پر رگڑ لیا کرتے تھے۔ لیکن نچلے طبقے کے کسی ایرانی کے گھر ہم جاتے تو ہمارا استقبال کرنے کے ساتھ ہی صاحبِ خانہ ''خونم! چائے بیار'' (بیگم! چائے لائیے) کا نعرہ لگاتا اور جب خانم چائے لے آتیں تو ہمارے انکار کے باوجود صاحبِ خانہ اصرار کر کے ہمارے فنجان (کپ) میں اتنی ہی شکر ڈالتا جتنی ڈالنی چاہیے۔ کسی ایرانی کو اگر ہم ایک پونڈ چائے یا شکر تحفتاً دے دیتے تو اس کی احسان مندی کی کوئی انتہا نہ رہتی۔ اگر چند گز پاپلین یا پلنگ کی ایک چادر ہم پیش کر دیتے تو وہ بے دام کا غلام بن جاتا۔

کچھ ترکاریاں اور پھل بھی ہندوستان و ایران میں مشترک ہیں۔ اس سلسلے میں

بینگن، کھیرے اور بھٹّے کا خصوصیت سے نام لیا جاسکتا ہے۔ بینگن کی ہندوستان میں جتنی بے قدری ہے، ایران میں اس کی اتنی ہی قدر ہے۔ یہ کہنا شاید غلط نہ ہوگا کہ بادنجان (بینگن) پر ایرانی جان دیتے ہیں۔ یہ دیکھ کر ہمیں یقیناً حیرت ہوئی کہ اکثر پلاؤ میں بھی مسلم بینگن نکل آتا ہے۔

کھیرے کی توقیر بھی بینگن سے کم نہیں ہے۔ بڑی بڑی پارٹیوں میں کبھی اعلیٰ قسم کے پھلوں کے ساتھ ساتھ کھیرا بھی رکھا جاتا ہے اور یہ بھی حقیقت ہے کہ وہاں کے کھیرے ہمارے یہاں کے کھیروں سے زیادہ شاداب اور خوش ذائقہ ہوتے ہیں۔

بھٹّے کا حال بھی بینگن اور کھیرے سے مختلف نہیں ہے۔ بھٹّے کی فصل میں تہران کی سڑکوں پر جگہ جگہ بھنے ہوئے بھٹّے ہندوستان ہی کی طرح بیچے اور کھائے جاتے ہیں۔

ہندوستان کے ''علم قسمت شناسی'' (جوتش) سے بھی ایرانیوں کو حد درجہ خوش اعتقادی ہے۔ ان کا شاید خیال ہے کہ ہر ہندوستانی پیدائشی جوتشی ہوتا ہے۔ اچھی اور ستھری پارٹیوں میں بھی اکثر ایرانی عورتیں اور کبھی کبھی مرد بھی، کسی ہندوستانی کو گھیر کر بڑی عقیدت مندی کے ساتھ اپنا ہاتھ اسے دکھاتے ہیں۔ ایک دوست نے بتایا کہ ایران آنے کے بعد بعض ہندوستانیوں نے انگریزی کتابوں کی مدد سے اس فن شریف میں دسترس حاصل کی کیونکہ ایرانی ''مہ رخوں'' سے ملاقات کے لیے اس سے بہتر اور کوئی ''تقریب'' نہیں ہوسکتی تھی۔

علم قسمت شناسی سے ایرانیوں کو صرف گہری دلچسپی ہی نہیں ہے بلکہ بعض اعتبار سے اس علم میں وہ ہندوستانیوں سے بھی آگے ہیں اور ان کے عجیب وغریب طریقے ہیں مثلاً آپ کے قہوہ پی لینے کے بعد آپ کی خالی پیالی طشتری پر الٹ دی جاتی ہے۔ ڈیڑھ دو منٹ میں تلچھٹ بہہ کر پیالی کی دیوار پر آڑی ترچھی لکیریں بنا دیتی ہے۔ انھی آڑے ترچھے خطوط کو دیکھ کر قہوہ پینے والی کی قسمت کا حال بتایا جاتا ہے۔

اس فن سے میرے بزرگ کرم فرما، آقای جعفرزادہ کو اور ان کی بیٹی منیژہ کو بھی خاصی دلچسپی تھی بلکہ ملکہ حاصل تھا۔ ان کے بیٹے عبّاس باپ اور بہن دونوں کا خوب مذاق

اڑاتے لیکن اس سے ان دونوں کے اعتقاد میں کوئی فرق پیدا نہ ہوتا۔

ایک اتوار کو دن کا کھانا میں نے آقای جعفرزادہ کے یہاں کھایا۔ کھانے کے بعد قہوہ آیا۔ جب میں پی چکا تو منیژہ نے باپ کے اشارے پر میری پیالی کو تختۂ مشق بنایا۔ اس کوشش میں آقای جعفرزادہ نے بھی ان کی مدد کی۔ پیالی کی آڑی ترچھی لکیروں کو غور سے دیر تک دیکھنے کے بعد دونوں نے متفقہ فیصلہ کیا کہ میں جلد ہی ایران سے جانے والا ہوں اور پورب نہیں پچھم کی طرف جاؤں گا، میں اور عباس ان دونوں کا مذاق اڑاتے رہے لیکن انھیں اپنے فیصلے کے اٹل ہونے کا قطعی یقین تھا۔ ''فی الحال اس پیشن گوئی کے پورے ہونے کا مجھے کوئی امکان نظر نہیں آتا۔'' میرے اس جواب کے بعد آقای جعفرزادہ اور منیژہ نے زبردستی مجھے دوسری پیالی پلائی اور پھر سابقہ عمل کو دہرایا۔

''میں شرط لگاتا ہوں، آقای جعفرزادہ نے قطعیت کے ساتھ کہا'' ہماری پیشین گوئی سو فی صدی صحیح ہوگی۔''

''تو ہمارے ہندوستانی دوست کی رخصتی دعوت جلد ہونی چاہیے!'' عباس نے باپ کے فیصلے کا مضحکہ اڑاتے ہوئے کہا۔ ''اور یہ بھی طے ہو جائے کہ دعوت میں کیا کیا ہوگا۔''

اس قصّے کے تیسرے ہی دن اپنی میز پر بیٹھا میں کچھ لکھ رہا تھا اور راشد بغداد سے آئی ہوئی ڈاک دیکھ رہے تھے۔

ع حیف! در چشم زدن صحبتِ یار آخر شد'' (افسوس! پلک جھپکتے ہی محبوب کا ساتھ ختم ہوگیا) راشد نے ایک کاغذ میری طرف بڑھاتے ہوئے کہا۔ ''جاؤ! قاہرہ کی بھی سیر کرلو۔''

اسی کاغذ کو، جس میں صرف چند سطریں تھیں میں نے کئی بار پڑھا، جیسے اپنی آنکھوں پر اعتبار نہ آرہا ہو۔ آقای جعفرزادہ اور منیژہ کی تصویریں میری نگاہوں کے سامنے گھوم رہی تھیں اور ان کی پیشن گوئی بار بار یاد آرہی تھی جو دو ہی دن پہلے انھوں نے کی تھی۔

(ماخوذ از یادوں کے سائے)

مصر کی ایک جھلک

مولانا منت اللہ رحمانی

آج جمعے کی نماز ہم نے ''الجامع الشافعی'' میں پڑھی۔ یہ شاندار اور وسیع مسجد امام شافعیؒ کی جانب منسوب ہے۔ غالباً اسی مقام پر وہ مسجد رہی ہوگی جہاں امام شافعیؒ نماز پڑھتے تھے۔ حضرتِ موصوف نے اپنا آخری دور یہیں گزارا اور یہی وجہ ہے کہ پورا ملک شافعی مسلک کا پابند نظر آتا ہے۔ حنفی و مالکی وغیرہ اتفاقاً ہی نظر پڑتے ہیں۔ اسی جامعۂ شافعیہ کی پشت پر حضرت امام شافعیؒ کا مزار مبارک ہے۔ جس راستے سے ہم لوگ جامع شافعیہ گئے، مسجد کے کچھ دور پہلے سے سڑک کے دونوں جانب مزارات اور مقبرے ہی نظر آئے۔ معلوم ہوا کہ صرف اس جذبے کے تحت کہ میت کو امام شافعی علیہ الرحمہ کے قریب دفن کیا جائے لوگوں نے زمینیں لے کر اپنے اَعزّہ کو دفن کیا ہے اور مقبرے بنا لیے ہیں۔ ہر جمعرات کی شام سے وہاں ایک میلہ سا لگتا ہے۔ شہر کے کنارے اور مضافات سے لوگ عورت اور مرد کے امتیاز کے بغیر ہزاروں کی تعداد میں آتے ہیں اور انھیں مقبروں میں رات گزارتے اور جمعہ کی نماز کے بعد واپس ہوتے ہیں۔ ہم لوگ جب جمعے کی نماز کے لیے جامع شافعہ میں پہنچے تو مسجد سے باہر میلے کی سی کیفیت تھی - سڑک کے کنارے چھوٹی چھوٹی دکانیں لگی ہوئی ہیں۔ خوانچے والے اور ٹھیلہ گاڑیوں پر چیزیں بیچنے والے بڑی تعداد میں اِدھر اُدھر گھوم رہے ہیں۔ عورتیں، مرد، بچے اور بچیاں اس کثرت سے ہیں کہ راہ چلنا مشکل۔

قاہرہ میں ایک دستور یہ ہے کہ ان تمام مسجدوں میں جہاں جمعے کی نماز ہوتی ہے، کوئی اچھا قاری اذانِ اول سے پہلے پینتالیس پچاس منٹ تک تلاوتِ قرآن کرتا ہے۔ اس کے لیے مسجد میں خاص تخت بچھا ہوا ہے۔ سامنے لاوَڈ اسپیکر موجود ہے اور ہزار پانچ سو نمازی بھی اتنی دیر پہلے مسجد میں جمع ہو جاتے ہیں۔ قاہرہ میں جہاں جہاں بھی جمعہ پڑھنے کا اتفاق ہوا، یہی دیکھا۔ قاری عبدالباسط عبدالصمد مصر کے مشہور قُرّاء میں ہیں۔ شاید شیخ محمود مصری کے بعد انھیں کا درجہ ہے۔ ہم لوگوں کو آٹھویں یا نویں صف میں جگہ ملی قِرأت کا کیا کہنا! سبحان اللہ! قرآن اور پھر عربوں کی زبان سے اور وہ بھی مصری لہجے میں! جب تلاوت ہوتی رہی عجیب کیف رہا۔ یہاں قرآن سننے کا انداز بھی انوکھا ہے۔ جیسے ہمارے یہاں مشاعرے ہوتے ہیں اور مصرع اور شعر کی شاعر کو داد دی جاتی ہے، کم و بیش اسی طرح یہاں ہر آیت پر قاری کو داد ملتی ہے لیکن قرآن کی عظمت کا پورا پورا پاس و لحاظ رکھتے ہوئے۔ قاری نے ایک آیت تلاوت کی۔ اب پورا مجمع یا اکثر افراد سبحان اللہ : الحمدللہ! اللہ اللہ! کہیں گے۔ اگر قاری نے کوئی چھوٹی آیت تلاوت کی ہے تو تسبیح و تحمید و تحسین کے الفاظ مجمع ایک ہی مرتبہ کہے گا۔ اگر اس نے لمبی آیت پڑھی ہے اور وہ بھی ایک ہی سانس میں تو مجمع تحسین کے الفاظ کو بار بار دہرائے گا اور پھر پڑھنے والے اور سننے والے، دونوں کی زبان عربی، قرآن کو صرف پڑھتے اور سنتے ہی نہیں بلکہ سمجھتے بھی ہیں۔ انھیں اس طرح کی داد دینے کا حق پہنچتا ہے اور میں نے تو دیکھا کہ بعض سننے والے بالکل مغربی تہذیب میں ڈوبے ہوئے لیکن جھوم رہے ہیں۔ بعض کی آنکھیں نم اور بعض کی آنکھوں سے آنسو جاری۔ یقیناً سمجھنے والے پر قرآن کا یہ اعجاز ظاہر ہونا ہی چاہیے۔ میں نے دیکھا کہ ہندوستان میں بھی اگر کوئی اچھا پڑھنے والا قرآن دل لگا کر پڑھے تو بے پڑھے لکھے لوگوں کے دل کانپ اٹھتے ہیں اور ان کے بھی رونگٹے کھڑے ہو جاتے ہیں تو پھر جن کی زبان ہی عربی ہے ان کے تو آنسو بہنا ہی چاہیے۔ جمعے کی نماز ختم ہوئی۔

'برج القاہرہ' بھی میں نے جا کر دیکھا۔ خوب بنایا ہے۔ دور سے تو زیادہ اونچا نہیں

معلوم ہوتا لیکن زمین سے اس کی اونچائی پانچ سو پچپن فٹ ہے۔ برج کے نچلے دائرے میں بیٹھنے کی جگہ ہے اور صوفے لگے ہوئے ہیں اور درمیان کے حصّے میں تیز رفتار لفٹ ہے۔ برج کی آخری اور بالائی منزل کھلی ہوئی ہے اور متعدد دوربینیں لگی ہوئی ہیں۔ وہاں سے پورا قاہرہ نظر آتا ہے۔ اس سے نیچے والی منزل ہر طرف شیشے سے بند ہے اور اس سے نچلے دور میں ریستوران ہیں جہاں ہر وقت ہلکے ناشتے اور چائے کا انتظام رہتا ہے۔ برج کے سامنے اور دائیں بائیں بہترین پارک اور چمن ہیں۔ ایک طرف سلیقے سے ناشتے اور چائے کے ہوٹل، ڈاکخانہ اور متعدد چھوٹی چھوٹی دکانیں ہیں جن میں مصر کی مختلف مصنوعات رکھی ہوئی ہیں اور فروخت ہوتی ہیں۔ برج پر جانے کے لیے پچیس قرش کا ٹکٹ لینا پڑتا ہے۔ یہ برج بھی قاہرہ میں ایک دیکھنے کی چیز ہے۔

یوں تو مصر میں متعدد یونیورسٹیاں ہیں لیکن ''ازہر شریف'' اپنی قدامت اور خصوصیات کے باعث ایک خاص مقام رکھتی ہے۔ آج سے ایک ہزار سال پہلے ۹۷۲ء مطابق ۳۶۱ ھ میں فاطمی خلیفہ معزالدین اللہ کے غلام اور اعلیٰ فوجی افسر جوھر الکاتب الصقلی نے اس مدرسے کی بنیا رکھی اور حضرت فاطمہ زہرا ؓ کی طرف منسوب کرتے ہوئے اس کا نام ''ازھر'' رکھا اور اس کا نصب العین دینی تعلیم اور اسلامی تبلیغ مقرر کیا گیا۔ جامع ازہر کا کتب خانہ بھی قابل دید ہے۔ اس وقت تقریباً ایک لاکھ نایاب قیمتی اور زندہ کتابیں موجود ہیں۔

۲۰/ مارچ کو میں شیخ لقمان کے ساتھ سب سے پہلے مدینۃ البعوث الاسلامیہ گیا۔ یہ ازہری طلبہ کے رہنے کا علاقہ ہے جس نے ایک چھوٹے سے شہر کی حیثیت اختیار کر لی ہے۔ یہاں طلبہ کے رہنے کے لیے اکتالیس بورڈنگ ہیں اور ہر بورڈنگ چار منزلہ ہے۔ پہلی منزل میں ہوٹل، دکانیں، ڈرامے کے ہال، ٹیلی ویژن کے کمرے، لانڈری، سیلون وغیرہ ہیں۔ اوپر کی تین منزلوں میں طلبہ رہتے ہیں۔ ہر منزل میں بیس کمرے ہیں۔ ہر کمرے میں دو طالب علموں کے رہنے کی سیٹیں ہیں کسی کمرے میں دروازہ نہیں ہے۔ طلبہ نے بطور خود کہیں کمبل اور کہیں کپڑے کا پردہ ڈال رکھا ہے۔ ہر کمرے میں پلنگ، الماری،

کرسی اور میز ہے۔ بورڈنگ کا انداز فوجی بارکوں جیسا ہے۔

ازہر یونیورسٹی میں پرائمری سے لے کر ڈاکٹریٹ تک کی تعلیم ہوتی ہے۔ازہر میں پڑھنے والے طلبہ کی مجموعی تعداد اکتالیس ہزار ہے۔ازہر کے علاوہ مصر میں کئی اور بڑی بڑی یونیورسٹیاں ہیں جن میں ادبیات کے علاوہ موجودہ دور کے تمام مروّجہ علوم وفنون کی اطمینان بخش تعلیم ہوتی ہے اور یہ کہا جاسکتا ہے کہ جمہوریہ متحدہ عرب نئے علوم وفنون میں خود کفیل ہوتا جارہا ہے۔ جدید علوم کے کم ہی شعبے ایسے ہوں گے جن کی اعلیٰ تعلیم کا بہتر انتظام مصر کی کسی نہ کسی یونیورسٹی میں نہ ہو۔

جامعۃ القاہرہ مصر کی سب سے بڑی اور مرکزی یونیورسٹی ہے۔اس کا قیام ۱۹۰۸ء میں عمل میں آیا۔جامعۃ القاہرہ میں عربی، انگریزی ،فرانسیسی، لاطینی، اردو اور فارسی زبانوں کی تعلیم کا نظم ہے۔ یہاں لڑکے اور لڑکیوں کی تعلیم مخلوط ہے لیکن طلبہ اور طالبات کے ہوسٹل الگ الگ ہیں ۔مصر میں پرائمری اسکول سے ہائی اسکول تک مخلوط تعلیم ممنوع ہے۔ ہاں ازہر یونیورسٹی کے کلیات (کالجوں) میں تعلیم مخلوط ہوتی ہے ۔مصر میں اسکولوں اور کالجوں میں پڑھنے والے لڑکوں اور لڑکیوں کے لباس تمام تر مغربی وضع قطع کے ہیں۔

ایک دن اہرام دیکھنے گیا۔ یہ اہرام قاہرہ سے سات میل کے فاصلے پر ”جیزہ“ کے علاقے میں ہے۔ یہ سمجھیے کہ یہ فراعنۂ مصر کا قبرستان ہے اور اہرامِ فراعنہ کا مقبرہ۔جیزہ میں متعدد چھوٹے مقبرے ہیں اور تین بڑے مقبرے پہاڑیوں پر ہیں۔فراعنہ کے زمانے میں ان کی نعشوں کو محفوظ کرنے کا طریقہ جاری تھا۔ انھوں نے ایک مصالحہ ایجاد کیا تھا۔ اسے نعش پر لگاتے تھے اور پھر نعش کو کپڑے سے لپیٹتے تھے۔اسی طریقے کا نام ”ممی“ کرنا ہے۔ یہ ممی کی ہوئی نعشیں لکڑی کے صندوقوں میں رکھتے تھے اور اس کو بند کر کے بالائی حصّے پر اس مرے ہوئے فرعون کا مجسمہ بناتے تھے۔ پھر لکڑی کے اس تابوت کو پتّھر سے بنی ہوئی پختہ قبر میں رکھ کر قبر کے اوپر ایک بڑا پتھر رکھ دیا کرتے تھے۔اس ”ممی“ کے سلسلے میں ان کا فلسفہ یہ تھا کہ اگر یہ مصالحہ لگا کر نعشوں کو بند کر دیا جائے اور پچاس سال

تک اس میں ہوا نہ لگے تو ہزاروں سال تک یہ نعش محفوظ رہ سکتی ہے۔ فراعنہ کی اس طرح کی قبروں پر مقبرہ بنانے کا رواج تھا۔ کافی بڑے رقبے میں قبر کے چاروں طرف پتھر کی چو پہل دیواریں کھڑی کی جاتی تھیں اور ان دیواروں پر چو پہل گنبد بنتا تھا۔ قبر اور مقبرے کی دیوار کے درمیان تہہ خانے کھودے جاتے تھے اور ان میں مرے ہوئے فرعون کا ضروری سامان محفوظ کر دیا کرتے تھے۔ جیزہ کے یہ اہرام بھی اسی انداز کے ہیں۔ اہرام کی چوٹی سطح زمین سے تقریباً پانچ سو فٹ اونچی ہوگی۔ ان اہراموں کے بنانے میں چار یا پانچ من سے لے کر بیس پچیس من تک کے پتھر استعمال کیے گئے ہیں، جس سے معلوم ہوتا ہے کہ فراعنہ کے زمانے میں جرِّ ثقیل اور کرین یا کوئی اس قسم کی چیز موجود تھی جس سے ان وزنی پتھروں کو اتنی بلندی تک پہنچایا گیا ہے۔ اہرام کے ان پتھروں کو جوڑنے میں ایسا مصالحہ استعمال کیا گیا ہے کہ چار چار ہزار برس گزر جانے کے بعد بھی اہرام جوں کے توں ہیں۔ نہ کہیں شگاف ہے، نہ پھٹن۔ لوگ کہتے ہیں کہ نپولین نے جب مصر پر حملہ کیا تو اس نے ایک اہرام کو توڑنے کی کوشش کی لیکن بڑی کوششوں اور محنت کے بعد دس پانچ فٹ توڑ سکا اور ''کوہ کندن کاہ برآوردن'' سمجھ کر چھوڑ دیا۔ یہ اہرام دنیا کے عجائبات میں سے ہیں۔ اتنی قدیم عمارت پورے عالم میں دوسری نہیں۔ اس وقت بھی یہ اہرام تماشا گاہِ عالم بنا ہوا ہے۔ روزانہ سیکڑوں اشخاص دیکھنے کے لیے آتے ہیں۔ خاص طور پر یورپین سیاحوں کی آمد و رفت تو ہر وقت جاری رہتی ہے. اسی اہرام کے نشیب میں تھوڑے فاصلے پر 'ابوالہول' کا مجسمہ ہے. یہ غالباً مختلف دھاتوں سے ملا کر بنایا گیا ہے۔ اس مجسّمے کا چہرہ انسانوں جیسا، جسم شیر کی طرح اور چاروں پیر گھوڑے کی طرح ہیں۔ دراصل یہ فراعنہ کا قومی نشان ہے۔ جیسے ہندوستان کا نشان شیر کے چہروں کی تین تصویریں (اشوک کی لاٹ) ہے۔ فراعنۂ مصر نے ابوالہول کو اپنا قومی نشان بنا کر یہ بتلانا چاہا ہے کہ ہمارے پاس دماغ انسانوں کا ہے اور جسمانی طاقت میں ہم شیر کے مانند ہیں اور ہماری ترقی کی رفتار گھوڑے کی رفتار جیسی ہے۔ اس وقت اگر آپ دیکھیں گے تو ابوالہول کی ناک ٹوٹی ہوئی

معلوم ہوگی۔لوگ کہتے ہیں کہ یہ ناک نیپولین ہی نے توڑی ہے۔

ہم مصری میوزیم بھی گئے جہاں اور بہت سی چیزوں کے ساتھ فراعنۂ مصر اوران کے اہل وعیال کی ممی کی ہوئی نعشیں رکھی ہیں جو فراعنہ کے قبرستان سے نکال کرلائی گئی ہیں۔زیادہ ترنعشیں توسر سے پیر تک کپڑے میں لپٹی ہوئی ہیں لیکن کچھ نعشیں ایسی بھی ہیں جن کے بعض حصّے "ممی" خراب ہو جانے کے باعث کھل گئے ہیں۔جو کھلے ہوئے حصے ہیں ان پر گوشت پوست نہیں ہے۔ ہاں ہڈیوں کا ڈھانچہ پورا ہے۔ایک فرعون کی نعش ہمیں خاص طور پر دکھلائی گئی جس کا چہرہ کھل گیا ہے اور ایسا محسوس ہوتا ہے کہ گوشت پوست بھی باقی ہے۔ کلّے پچکے ہوئے نہیں ہیں۔سر پر بال اور منہ میں دانت موجود ہیں۔دیدے بھی ہیں لیکن پتھر جیسے بے نور۔ دیکھ کر حیرت ہوئی کہ تین ہزار برس سے اوپر کی نعش آج تک اس طرح محفوظ ہے۔عجائب خانے کے اس کمرے میں فرعونِ عہد موسیٰ کی نعش بھی شیشے کے بکس میں رکھی ہوئی ہے۔اس کا چہرہ، ایک ہاتھ کا پنجہ اور ایک قدم کھل گیا ہے۔ چہرے پر تو گوشت پوست نہیں ہے۔صرف ہڈیوں کا صحیح وسالم ڈھانچہ ہے لیکن پیر کی انگلیوں میں بڑے بڑے ناخن آج بھی موجود ہیں۔عبرت ہوئی کہ خدائی کا دعویٰ کرنے والا فرعون آج اس طرح پڑا ہوا ہے۔

مصری میوزیم میں تہہ خانوں سے نکالا ہوا فراعنہ کا خاص ساز وسامان بھی کثرت سے موجود ہے۔ لوہے کی بنی ہوئی مسہریوں ، جیسی ہسپتالوں میں مریضوں کے لیے استعمال ہوتی ہیں، متعدد موجود ہیں۔بعض مسہریوں پر جا بجا سونے کے پتّھر لگے ہوئے ہیں اور بعض تو پوری سونے ہی کی معلوم ہوتی ہیں۔فرعون کی سواری جس میں گھوڑا جوتا جاتا تھا بالکل فٹن جیسی۔فرعون کے بیٹھنے کی کرسی ایسی عمدہ بنی ہوئی ہے کہ شاید اس دور میں بھی اس سے بہتر بننا مشکل ہے۔ ان چیزوں کو دیکھ کر یقین ہوتا ہے کہ فراعنہ کے زمانے کا تمدّن کافی اونچا تھا۔ساتھ ہی ساتھ یہ بھی معلوم ہوتا ہے کہ اس زمانے میں بت سازی کا بڑا زور تھا اور شاید انھی چیزوں نے فرعونِ عہد موسیٰ کو خدائی کے دعوؤں تک پہنچایا تھا

اوراس وقت بھی تصویر کشی اور مجسّمہ سازی کا ذوق کچھ کم نہیں۔ ابھی حال ہی میں قاہرہ کا نیا ریلوے اسٹیشن تعمیر ہوا ہے۔ اس کے سامنے مشہور فرعون ''رمسیس'' کا مجسمہ بڑی شان وشوکت سے نصب کیا گیا ہے۔

(ماخوذ از سفر مصر وحجاز)

❖❖❖

سوادِ شہر کولمبو

ابن انشا

کولمبو جانے سے پہلے ہم نے دیوندر ستیارتھی اور اے حمید کی کہانیاں پڑھ رکھی تھیں اور یہ خیال تھا کہ وہاں دن بھر نسیمِ سحری چلتی ہوگی۔ یہاں دیکھا کہ یہ تو بلدۂ گرد و گرما ہے۔ ہوٹل کا کمرہ بھی اتفاق سے ایسا آرام دہ اور گرم ملا کہ ہیٹر لگانے کی ضرورت نہ تھی۔ میرے ہم سفر ڈاکٹر صاحب گرمی سے مضطرب تھے۔ بولے ''تمھاری یہ کیفیت کیوں نہیں؟'' ہم نے عرض کیا کہ ''بندہ کچھ روز ملتان رہ آیا ہے'' فرمایا ''مطلب کیا ہے؟'' ہم نے عرض کیا کہ جہنم میں جہاں ہر طرف تادیب و عقوبت کے لیے آگ کے الاؤ بھڑک رہے تھے اور لوگ گرمی سے جل بھن کر الامان الامان، پکار رہے تھے، دیکھنے والوں نے دیکھا کہ ایک شخص لحاف کی بُکل میں بیٹھا ٹھٹھران سے کانپ رہا ہے بلکہ دانت بج رہے ہیں۔ ایک فرشتے نے حیرت سے پوچھا ''آپ کی تعریف؟'' پتہ چلا کہ ملتان کے ہیں۔

واضح رہے کہ یہ حال جنوری کے مہینے کا ہے اور ہم ایران سے آرہے تھے جہاں جتنے دن رہے یہی خیال رہا کہ ریفریجریٹر کے اوپر کے خانے میں بیٹھے ہیں، بلکہ برف گرتی دیکھی۔ معلوم ہوا کہ کولمبو کا موسم تو یہی ہے۔ جنوری ہو یا جون، مارچ ہو یا ستمبر، نہ ساون ہرے نہ بھادوں سوکھے۔ یہ علاقہ جس میں ہمارا ہوٹل تھا۔ ایک طرح کی سول لائن سمجھیے جہاں بڑے بڑے بنگلے تھے۔ ان سے نکلیے تو ڈھاکہ شروع ہو جائے گا۔ وہی لباس، وہی پھل پھول، پودے، وہی لوگوں کی رنگت اور نین نقش، ویسے ہی مکان اور دکانیں۔ فورٹ

کے علاقے میں بھی جہاں چلے جائیے، نئی اور نئے طرز کی عمارت شاید ہی کوئی ہو۔ بینکوں کی عمارات، انگریزوں کے زمانے کی ٹھاٹ دار بلڈنگیں جا بجا ہیں۔ 'نیشنل اینڈ گرنڈ لے بینک'، 'مرکنٹائل بینک'، 'چارٹرڈ بینک' وہی پتھر کی ٹھوس بڑے آثار کی عمارتیں، لمبے لمبے برآمدے، گپ کرتے ہوئے چپراسی، چائے پیتے ہوئے کلرک۔ یہ زمانہ بیگم بندرانائکے کے عروج کا تھا۔ ابھی چند دن پہلے حکومت نے پٹرول پمپوں کو نیشنلائز کیا تھا۔ 'برماشیل' اور 'اسٹینڈرڈ آئل' والوں کے بورڈ اتارے جارہے تھے اور 'سری لنکا' کے بورڈ ان کی جگہ لے رہے تھے۔ غیر ملکی جنگوں کا چل چلاؤ تھا۔ یہ پابندی لگائی جا چکی تھی کہ کوئی نیا اکاؤنٹ سوائے 'بینک آف سیلون' کے کہیں نہیں کھولا جا سکتا۔ امریکہ امداد بند کرنے کا اعلان کر چکا تھا اور لوگوں کے چہرے نئے عزم کے ساتھ تمتما رہے تھے۔

بارے ہوٹل کا کچھ بیان ہو جائے۔ 'گال فیس ہوٹل' کولمبو کا سب سے پرانا اور مشہور ہوٹل ہے جس کی عقبی کھڑکیاں عین سمندر پر کھلتی ہیں۔ بی۔اے۔او۔ای کا دفتر اسی میں ہے اور سبھی غیر ملکی یہیں ٹھہرتے ہیں لیکن یہ مہنگا بھی ہے۔ ہمارے دوست ہوشنگ ایرانی ہم سے پہلے فورٹ کے ہوٹل میں رہ آئے تھے۔ لوگوں کے شور و شغب اور کھانے کے احوال سے قطع نظر، بیروں کے متعلق ان کا بیان یہ تھا کہ آپ ماچس بھی منگائیں تو باقاعدہ طشتری میں سجا کر لاتے ہیں اور جھک کر آداب کرتے ہیں اور امیدوارِ کرم ہوتے ہیں۔ میز صاف کرنے پر بخشش، پانی پلانے پر بخشش، گھوڑا آگے بڑھانے پر بخشش۔ فرماتے تھے جب میں رخصت ہوا تو پچیس آدمی قطار باندھے کھڑے تھے۔ معلوم ہوا کہ کوئی میرے برآمدے میں جھاڑو لگاتا تھا، دو میری غیر موجودگی میں غسل خانے کی دیکھ بھال کرتے تھے، تین چار روم بیرے تھے، ایک دو چائے لانے والے تھے، تین چار کھانا کھلانے والے۔ یہ بھی ہوشیار نکلے۔ سیلونی اخلاق کا ایرانی اخلاق سے جواب دیا۔ ان لوگوں کے مؤدّبانہ سلاموں کا جواب اور زیادہ مؤدّب سلام سے دے کر نکل آئے۔ ہم سے ایسا نہیں ہوسکتا۔

لیکن ہمارا ہوٹل ''سی۔ ویو۔ کلب'' ہوٹل کم اور کلب زیادہ تھا۔ زیادہ تر بڈھے انگریز

اور کچھ امریکن، جرمن وغیرہ اس میں سالہا سال سے مقیم تھے۔ کھپریلوں کی چھتیں تھیں۔ معلوم ہوا کہ انگریزوں نے جنگ کے دنوں میں جو بارکیں بنائی تھیں، انھی میں یہ بھی تھیں۔ کھانا یہاں ہمیشہ ولائتی ملتا رہا یعنی پھیکا سیٹھا۔ دو دن کے بعد ہم نے کھانا چھوڑ دیا اور اناس منگا کر کھانے لگے۔ اناس کا ٹکڑا ہر کھانے کے بعد ملتا تھا اور ناشتے میں بھی۔ چونکہ ہاضم ہوتا ہے لہٰذا لوگ چورن کے طور پر کھاتے ہیں۔ ہمارا حال الٹا تھا۔ ہم پانچ چھ قاشیں بڑی بڑی کھا کر پیٹ بھر لیتے تھے اور پھر اس چورن کو ہضم کرنے کے لیے ایک دو توس نوش جان کرتے۔ سیلون کا مقامی کھانا مدراس کی طرز کا ہے۔ ہم بالعموم اناس کے ساتھ توس کھاتے رہے۔ کبھی کبھی صاف شفاف شوربہ بھی پی لیتے تھے۔ بیرے ہمیشہ کچھ نہ کچھ بتاتے رہتے تھے کہ یہ فلاں چیز کا شوربہ ہے، یہ فلاں کا لیکن پکانے والے باکمال تھے کہ شکل اور لذت میں ذرّہ بھی فرق نہ آنے دیتے تھے۔ ہم نے کہا ''ڈاکٹر صاحب! ہمیں تو لگتا ہے کہ خالص پانی میں نمک ڈال کر جوش دیتے ہیں اور پلیٹ میں لا حاضر کرتے ہیں۔'' بولے ''پی جاؤ۔ گرم پانی اور نمک پیٹ کے لیے مفید مانا جاتا ہے۔''

پورا تو ہم نے کراچی بھی نہیں دیکھا۔ کولمبو کے متعلق کیا دعویٰ کریں کہ سارا دیکھ لیا۔ اصل بات یہ ہے کہ ٹیکسی والے مانع آئے ورنہ ارادہ چپے چپے کی سیر کا تھا۔ تہران میں تو شہر کے اندر جہاں بھی جاؤ، خواہ وہ آدھا میل ہو یا پانچ دس میل ریٹ (Rate) وہی پندرہ ریال یعنی پندرہ آنے۔ اصفہان میں جہاں بھی جائیے، دس آنے دیجیے، شیراز میں اندرونِ شہر ہر جگہ پانچ آنے میں جا سکتے ہیں۔ اس سے کسی چھوٹے شہر میں ہم نہیں گئے۔ شاید آنے دوانے یا مفت بھی قصبے کی سیر کراتے ہوں گے لیکن کہنے کو تو کولمبو کا ریٹ آٹھ آنے یا دس آنے میل ہے لیکن وہاں کے میل کی لمبائی ٹیکسی والوں کے مزاج پر منحصر ہے۔ انگریزوں کی اندھی تقلید میں ۱۷۶۰ گز کی پابندی نہیں۔ ہمارا تجربہ تو یہ ہے کہ آپ نے ٹیکسی والے کو آواز دی تو ایک میل وہیں ہو گیا، اس کے رکنے تک دو میل ہو گئے اور جب آپ دروازہ کھول کر اندر بیٹھے تو چوتھے میل کا کرایہ شروع ہو جاتا ہے۔ بعد میں

ہمارے ایک دوست نے بتایا کہ ”بے شک اکثر لوگ میٹر میں گڑ بڑ کرتے ہیں لیکن ایماندار ڈرائیور بھی ہیں جو دوسرے میل سے کرایہ شروع کرتے ہیں۔“

(ماخوذ از ابن بطوطہ کے تعاقب میں)

برف کے دیس۔ ناروے میں

گوپی چند نارنگ

لندن ''ہیتھرو'' سے ''اوسلو'' ناروے کا سفر دو گھنٹے کا ہے۔ دونوں ملکوں کے وقت میں ایک گھنٹے کا فرق ہے۔'اوسلو' ناروے کے جنوبی ساحل پر آباد ہے۔ خاصی دیر سمندر پر پرواز کرنے کے بعد جب جہاز بادلوں کی دھند کاٹتا ہوا نیچے اترنے لگا تو دور دور تک پانی سے گھری ہوئی پہاڑیوں کے سلسلے نظر آئے۔ سمندر نے جگہ جگہ زمین کو کاٹ دیا تھا اور چھوٹی چھوٹی جھیلیں بن گئی تھیں - پہاڑ زیادہ تر گھنے جنگلوں سے ڈھکے ہوئے دکھائی دیے۔ اترنے سے پہلے جہاز نے پورے اوسلو پر قوس سی بنائی۔ ہر طرف پہاڑیاں ہی پہاڑیاں، جھیلیں یا پھر عمارتیں ہی عمارتیں تھیں۔ تعجب ہوتا تھا کہ ان جھیلوں اور پہاڑوں میں ایئر پورٹ کہاں ہوگا۔ دیکھتے ہی دیکھتے رگڑ سی محسوس ہوئی۔ جہاز رن وے پر بھاگ رہا تھا اور اگلے پہیے زمین سے لگ چکے تھے۔ جیسے ہی امیگریشن پاسپورٹ کاؤنٹر (Immigration Passport Counter) سے نکلا، ہر چرن چاؤلہ، مسز پورنیما چاؤلہ اور احباب پھولوں کے گلدستے لیے آگے بڑھتے دکھائی دیے۔ ہر چرن چاؤلہ سے ملنے کا پہلا اتفاق تھا۔ چاؤلہ کی زرد 'رینال' (کار کے ایک ماڈل کا نام) سے شفق گوں اور اوسلو ۱۶/ اگست کی شام کو بہت بھلا معلوم ہوا۔ سڑکوں، مکانوں اور عمارتوں پر نظر پڑتے ہی احساس ہونے لگا کہ ناروے ترقی کی کس منزل میں ہے۔ چھوٹی چھوٹی پہاڑیوں کے ڈھلانوں پر مکان صف در صف، اوپر نیچے بنے ہوئے تھے اور جگہ جگہ بالکنیوں سے پھولوں

کے بڑے بڑے خوشے جھانکتے ہوئے بھلے معلوم ہوتے تھے۔تھوڑی دیر میں ہم چاؤلہ کے مکان پر تھے۔یہ شہری انتظامیہ کے بنائے ہوئے لکڑی اور شیشے کے مکانوں کا نہایت کشادہ اور صاف ستھرا کمپلکس تھا۔ پیچوں پیچ راستے اور روشیں ،بالکنی سے لگے ہوئے ڈرائنگ روم اور ناروے کی سفید لکڑی سے بنے ہوئے اُجلے اُجلے دروازے اور کھڑکیاں، سکنڈے نیویا کا فرنیچر اپنی سادگی اور خوبصورتی کے لیے دنیا بھر میں مشہور ہے۔گھر کی زیبائش میں اس کی جھلک نظر آئی۔یک گونہ طمانیت اور مسرت کا احساس ہوا۔ ہرچرن چاؤلہ نے ناروے کی کونسل برائے تحقیقاتِ تعلیمی اور تربیتِ اساتذہ رائٹرز یونین، اوسلو یونیورسٹی اور دوسرے اداروں کی فرمائش پر جو پروگرام مرتب کیا تھا، اس کی نقل میرے حوالے کرتے ہوئے انھوں نے کہا کہ ’’اچھا ہوا کہ آپ چھ دن کے لیے یہاں ہیں ورنہ چار دن میں سب سے نمٹنا ناممکن تھا۔صرف دو دن دوپہر بعد کا کچھ وقت سیر و سیاحت کے لیے رکھا ہے۔ابھی ہم چائے پی رہے تھے کہ تنویر اسلم آگئے۔ یہ لاہور، پاکستان کے ہیں۔اور ہم سب تنویر کی گاڑی میں SKI JUMP دیکھنے کے لیے نکل کھڑے ہوئے۔

کئی پہاڑیوں سے گزرنے کے بعد ہم HOLMEN KOLLEN پہنچے۔ یہ پہاڑیوں کے دامن میں ایک نہایت اونچی اور کھُلی جگہ ہے۔ایک خوشنما اور وسیع خطّے میں SKI JUMP کی ہزاروں فٹ اونچی ریلنگ لگی ہوئی ہے۔سردیوں میں جب ہر جگہ برف ہی برف ہوگی تو سیکڑوں نوجوان سکی (SKI) باندھ کر چوٹی سے پھسلتے ہوئے آئیں گے اور پھر آسمان میں تیرتے ہوئے ہزاروں فٹ نیچے جا گریں گے۔شام اتر آئی تھی۔ سورج سمندر کے پانیوں میں اور اس کے سیکڑوں عکس جھیلوں کے کٹوروں میں ڈوب رہے تھے۔اوسلو شہر گھنے پیڑوں سے ڈھکی چھوٹی چھوٹی پہاڑیوں اور نیلی نیلی جھیلوں میں ایک جل پری سا گویا کہنی پر سر ٹکائے لیٹا ہوا تھا۔جیسے جیسے دھندلکا بڑھتا گیا عمارتیں روشن ہوتی گئیں۔روشنی میں سات رنگ ہوتے ہیں لیکن ایسے مناظر جب دل میں اترتے ہیں تو ہر رنگ سے سو رنگ بنتے ہیں اور فضا ہزاروں لاکھوں رنگوں سے بھر جاتی ہے۔ناروے کی

کھلی فضا سے یہ میری پہلی ملاقات تھی۔

ناروے بہت بڑا ملک نہیں ہے لیکن ایسا چھوٹا بھی نہیں۔ اس کا کل رقبہ ہندوستان کا دسواں حصہ ہوگا لیکن ہندوستان کی کل آبادی ناروے کی آبادی سے ڈیڑھ سو گنا زیادہ ہے۔ اس کا کچھ اندازہ یوں ہوگا کہ سارے ناروے کی آبادی اکیلے دہلی کی آبادی کے دو تہائی ہے یعنی صرف چالیس لاکھ۔ ناروے کی زبان نارویجین کہلاتی ہے۔ اس کے لکھنے کے دو معیار ہیں۔ ایک وہ جس پر جرمن کا اثر ہے اور دوسرے وہ جو اس اثر سے پاک ہے۔ اسکولوں میں یہاں نارویجین کے علاوہ انگریزی اور جرمن زبانیں بھی پڑھائی جاتی ہیں۔ ناروے میں زیادہ تر لوگ انگریزی میں بات چیت کر سکتے ہیں۔ دوسری جنگِ عظیم کے بعد ناروے پانچ برس تک جرمنی کا غلام رہا اسی لیے جرمنی کے خلاف اب تک جذبہ پایا جاتا ہے۔ آبادی کی بہت بڑی اکثریت کرسچن LUTHEREAN ہے۔ اگرچہ کیتھولک لوگ بھی ہیں لیکن بہت کم۔ ہندوستان اور پاکستان سے آنے والے کل ملا کر دس ہزار سے زیادہ نہیں ہوں گے۔ اسکولوں میں مذہبی تعلیم اگرچہ اختیاری ہے لیکن نصاب کا ضروری حصہ ہے۔ انگریزی اور جرمنی کے علاوہ ناروے کے رہنے والے DANES اور SWEDES (ڈنمارک اور سویڈن کے باشندوں کی زبانیں) بھی جانتے ہیں۔

ناروے یورپ کے شمال مغربی کنارے پر ایک لمبا، تنگ اور پہاڑی قطعۂ زمین ہے۔ "ناروے" کا لفظی مفہوم ہے "شمال کی طرف جانے والا راستہ"۔ آج سے کئی ہزار سال پہلے اس زمین کو تہہ در تہہ برف نے اس طرح ڈھانپ رکھا تھا جس طرح آجکل 'گرین لینڈ' اور 'پیٹرز برگ' کے بہت سے حصے برف دوز ہیں۔ سکنڈے نیویا کے تمام علاقوں کو برف سے آزاد ہونے میں چھ ہزار سال لگے۔ برف پگھلنے کے بعد ناروے میں لوگوں کی آبادکاری کا آغاز ہوا۔ نارویجین لوگوں کی نسل کے بارے میں کئی رائیں ملتی ہیں۔ غالباً یہ لوگ جرمن النسل ہیں اور قدیم آریائی قبیلے سے تعلق رکھتے ہیں۔ ان کا اصلی گھر ایشیا تھا اور ایشیا کا وہ علاقہ جو خوارزم اور بخارا کا خطہّ ہے۔ ناروے میں یہ لوگ دو راستوں سے داخل

ہوئے ہوں گے۔ روس کے شمالی جزیرے 'کولا' سے یا پھر وسطی یورپ سے ڈنمارک اور سویڈن کے راستے سے کیونکہ اس وقت ڈنمارک اور سویڈن ایک دوسرے سے منسلک تھے۔شروع شروع میں ان کا پیشہ شکار کرنا اور مچھلیاں پکڑنا تھا۔

ناروے میں میرے خوش گوار تجربوں میں سے بنیادی تجربہ (Authors' Society) کا تھا۔ یہاں ہر قابل ذکر ادیب اور شاعر اس سوسائٹی کا ممبر ہے۔ رکنیت کا فیصلہ انتظامیہ کرتی ہے جو ادیبوں اور شاعروں پر مشتمل ہے اور یہ ادبی کام اور تخلیقی حیثیت کی بنا پر کیا جاتا ہے۔ جب تک کسی ادیب یا شاعر کی کم از کم دو کتابیں شائع نہ ہو چکی ہوں وہ رکن نہیں بن سکتا۔ ادیبوں اور شاعروں کے جلسے اسکولوں، کالجوں، یونیورسیٹوں اور قومی تھیٹروں میں سوسائٹی ہی کے زیر اہتمام ہوتے ہیں اور ہر جلسے میں تقریر یا مضمون کے لیے معقول معاوضہ دیا جاتا ہے۔ (Authors' Society) کے علاوہ ناروے میں ادیبوں کی کچھ اور تنظیمیں بھی ہیں۔ یہ تنظیمیں نہ صرف ادیبوں اور شاعروں کے حقوق کا خیال رکھتی ہیں بلکہ تحقیقی کاموں میں معاون بھی ثابت ہوتی ہیں۔ ناروے میں عام قاعدہ ہے کہ جب بھی کوئی معیاری کتاب شائع ہوتی ہے، حکومت اس کی ایک ہزار جلدیں لائبریریوں کے لیے خرید لیتی ہے۔ مصنف کو بیس فی صد رائلٹی دی جاتی ہے۔ اس کے علاوہ ایک ہزار سے زیادہ جتنی بھی جلدیں فروخت ہوتی ہیں، منافع کا ایک تہائی مصنف کو دیا جاتا ہے۔ ناروے کے بارونق حِصّوں اور بازاروں میں گھومنے سے مجھے اندازہ ہوا کہ ناروے کے لوگ کتابوں سے محبت کرتے ہیں کیونکہ جگہ جگہ میں نے کتابوں کی دکانیں دیکھیں۔ بے ساختہ اس صورت حال کا مقابلہ میں نے امریکہ سے کیا۔ امریکی گھروں میں کتابیں تو دکھائی دے جاتی ہیں لیکن زیادہ تر سجاوٹ کے طور پر۔

ناروے ایک جمہوری فلاحی ریاست (WELFARE STATE) ہے۔ فلاحی ریاست کیا ہوتی ہے اور عوام کے لیے اور دانشوروں کے لیے کیا کرتی ہے اسے صحیح معنوں میں میں نے یہیں آکر دیکھا اور پہچانا – سچا جمہوری نظام، کھلے براہِ راست انتخابات،

مکمل سیاسی آزادی، تحریر وتقریر اور اظہارِخیال کی آزادی اور پارلیمانی طرز حکومت سے عبارت ہے۔ناروے میں امیر وغریب کا وہ فرق نہیں جو ایشیائی ملکوں میں دیکھنے میں آتا ہے۔عام معیار زندگی بلند ہے۔ پٹرول کی دریافت کے بعد ناروے کی معاشیات پر اورا چھا اثر ہوا ہے۔لکڑی اور کاغذ کی صنعت کے لیے تو ناروے دنیا بھر میں مشہور رہے ہی۔اس کے علاوہ معدنیات میں چاندی اور مصنوعات میں شیشے کا سامان بکثرت تیار ہوتا ہے۔

ناروے کے قدرتی مناظر، برف پوش وادیوں اور سمندروں سے ملی ہوئی جھیلوں میں اتنی کشش ہے کہ جتنی ناروے کی کل آبادی ہے، اتنے ہی یعنی چالیس لاکھ سیاح ہر سال ناروے آتے ہیں۔ یہاں ہر شخص برسرِ روزگار ہے۔طرح طرح کی سماجی اور مالی مدد لوگوں کو ملتی ہے۔سڑسٹھ سال کی عمر کے بعد سب باشندوں کو خواہ وہ سرکاری ملازم رہے ہوں یا نہیں حکومت کی طرف سے تاحیات پنشن ملتی ہے۔ٹیکس زیادہ ہیں لیکن چونکہ آمدنی خاصی ہے، ٹیکس آمدنی کے تناسب سے ہیں۔ ہر شخص کا اپنا مکان یا کوٹھی ہے۔ ہر گھر میں کار ہے۔اگر کوئی شخص بیمار ہوجائے تو علاج معالجے اور ہسپتال کا خرچ مفت ہے یعنی اس کا انتظام ہر باشندے کے لیے سرکار کی طرف سے ہے۔

علمی و ادبی پروگراموں سے ہٹ کر کچھ وقت ایسا ملتا رہا کہ سمندر کے کنارے کی سیر، سٹی ہال کی مجسمہ سازی اور مرکزی ہال کی تفریح گاہ سے بھی لطف اندوز ہوسکوں لیکن ناروے کے قدرتی مناظر کو صحیح معنوں میں دیکھنے کا موقع اتوار کو نصیب ہوا جب دن بھر کے لیے ہم سیگورموری (SIGURD MURI) اور ان کی بیگم کے مہمان تھے اور وہ ہمیں دو ڈھائی سو میل جنوبی ناروے کے قابل، دید مقامات کی سیر کرانے کے لیے لے گیے۔ سیگورموری مصنّف بھی ہیں، مصوّر بھی اور شاعر بھی۔کئی ناولوں اور شاعری کے مجموعوں کے خالق ہیں۔ ان کی رہائش گاہ کی وضع قطع اور آرائش وزیبائش دیکھ کر دل خوش ہوگیا۔ پہاڑی کی ڈھلان پر دیدہ زیب مکان دیکھنے اور دل میں بسانے سے تعلق رکھتا تھا۔کچھ دیر ہم پائیں باغ میں ٹہلتے رہے موری اور ان کی بیگم نے پیڑوں سے سیب آلوچے توڑے

اور ہم سب نے مل کر نوش کیے۔ اوسلو سے باہر نکلنے پر کئی میل تک موٹر ایک پہاڑی ندی کے کنارے کنارے چلتی رہی۔ پھر DRAMMER کی پوری بستی دامانِ کوہ میں سوئی ہوئی نظر آئی۔ دوسری طرف پہاڑ کی چوٹی کا راستہ ایک سرنگ میں تھا جو گول دائرہ کاٹتی ہوئی اوپر چڑھتی ہے مسلسل چکر کاٹتے رہنے سے یوں محسوس ہوتا تھا گویا یہ سرنگ یونہی ہفت آسمان تک پہنچ جائے گی۔ چوٹی پر پہنچ کر نیچے بہتی ہوئی ندی کا پانی چاندی کے تار سا چمک رہا تھا۔ ہرے بھرے پہاڑ، گھنے پیڑ اور چاروں طرف سرسراتی وادیاں۔ کچھ دیر سفر کے بعد ہم ناروے کی ایک عجیب وغریب عمارت کے سائے میں کھڑے تھے۔ یہ پیڑوں کے تنوں کو کاٹ کر بنایا گیا آٹھ سو سال پرانا ایک چرچ ہے جو آج بھی انسانی عزم واستقلال اور عقیدت وولولہ کی شہادت دے رہا تھا۔ ناروے میں کچھ تو لکڑی کی فراوانی کی وجہ سے اور کچھ سردی کی شدت کی وجہ سے عمارتوں اور مکانوں میں لکڑی کا خوب استعمال ہوتا ہے۔ ایک دودِن پہلے جو FOLK MUSEUM دیکھا تھا اس میں بھی صدیوں پرانے مکانوں کی ساخت کچھ ایسی ہی تھی اور لکڑی کے کام کی مہارت کا اندازہ ان کشتیوں سے بھی ہوا تھا جن کے سات آٹھ صدی پرانے اصل ڈھانچے میوزیم میں رکھے گئے تھے اور جنھیں ناروے کے بحری قزاق اور یورپی سمندری راستوں میں لوٹ مار کرنے کے لیے استعمال کرتے تھے۔ چرچ کے باغ میں قبرستان تھا۔ جس کا ہر قطعہ یا گوشہ کسی نہ کسی خاندان کے لیے محفوظ تھا۔ ہر جگہ پھولوں کے تختے تھے۔ کہیں گلاب، کہیں نیلوفر، کہیں نرگس، داؤدی اور کہیں سوسن، بنفشہ اور اِوی (Ivy) کی بیلیں چڑھی ہوئی تھیں۔ مسز موری نے بتایا کہ اب جگہ کی تنگی کے پیشِ نظر عیسائیوں میں یہ رواج ہو رہا ہے کہ لاش کو برقی کریموٹوریم (Crematorium) میں جلایا جاتا ہے اور راکھ قبرستان کے نشان زدہ خاندانی قطعے میں دفن کردی جاتی ہے۔

ہمارا اگلا پڑاؤ پہاڑ کی ایسی چوٹی تھی جس کا راستہ نہایت پیچیدہ اور دشوار گزار تھا۔ بعد میں معلوم ہوا کہ موری کا ایک پیر ہر طرح کی حس سے عاری ہو چکا ہے تو میرے تعجب کی

انتہا نہ رہی کہ انھوں نے ایسے دشوار گزار راستے میں کار کیسے چلائی اور اسے قابو میں کیسے رکھا؟ ایک ایک گھنٹے کے وقفے سے موری اور ان کی بیگم ڈرائیونگ بدل لیتے تھے اور اس طرح دو ڈھائی بجے ہم لوگ قلّۂ کوہ پر پہنچ گئے جہاں گھرے سبز پیڑوں پر بادل جھکے ہوئے تھے۔ کھلی ہوئی دھوپ میں ناروے کے نوجوان لڑکے لڑکیاں اپنے بدن سکھا رہے تھے۔ یہاں ایک نہایت خوشنما رستوران تھا جس میں ہم لوگوں نے کچھ دیر آرام کیا۔ دن بھر کی مسافت اور تھکن کے بعد نہایت عمدہ کھانے اور اربابِ اخلاص کی روح پرور صحبت، باری تعالیٰ کی اعلیٰ ترین نعمتوں کا درجہ رکھتی ہے۔ آخری دو پہر ہم نے اوسلو کے مشہور پارک FROGNER PARK میں نارویجین مجسمہ ساز GUSTAV VIRGELAND کے فن کے نمونوں کو دیکھنے میں بسر کی۔ میں ایتھینز جا چکا ہوں اور وینس اور روم میں، یونان اور اطالیہ میں مجسمہ سازی کی اپنی روایت ہے لیکن کسی ایک باغ میں مجسموں کی ایسی کثرت اور چھوٹی بڑی شبیہوں کی ایسی ریل پیل اس سے پہلے نہ دیکھی تھی۔ لگتا تھا مجسمہ ساز کے تخیل نے بھری آبادیوں اور پوری پوری انسان بستیوں کو ازسرِ نو خلق کیا ہے۔ چاروں طرف بھر پور بدن والی، باوقار اور پر تمکنت شبیہیں تھیں جن میں جلال و جمال کی کیفیتیں گھل مل کر عجب منظر دکھاتی تھیں۔ بیچوں بیچ ایک مینار تھا۔ پوری خِلقت روزِ آفرینش سے آج تک کی سرگرمیوں میں مصروف، انگڑائیاں لیتی ہوئی ایک نسل سے دوسری نسل تک ہاتھوں میں ہاتھ ڈالے، موج در موج بہتی ہوئی نظر آتی تھی۔

۲۳ر اگست کی شام کو ناروے کے سفر پر سورج ڈوب رہا تھا - پرواز تیار تھی۔ احباب کے دیے ہوئے پھولوں کو ہاتھوں میں دبائے جو مدتوں یادوں کے گلدانوں میں مہکتے رہیں گے۔ میں نے سب کو خدا کے حوالے کیا اور وقت کی لمبی غلام گردش سے نیچے اتر کر دیکھا، ایک پوری دنیا نظروں سے اوجھل ہو رہی تھی، ایک پوری دنیا نظروں کے سامنے ابھر رہی تھی۔

(ماخوذ از سفر آشنا)

بلٹ ٹرین میں کبھی نہ بیٹھو

مجتبیٰ حسین

صاجبو! جب سے جاپان آئے ہیں، ہمیں اپنے وطن کی ریل گاڑیاں شدت سے یاد آرہی ہیں۔ٹوکیو میں ہماری آوارہ گردی کا واحد ذریعہ جاپانی ٹرینیں ہی ہیں۔ یوں بھی سارا جاپان ٹرینوں میں بھاگتا پھرتا ہے۔ ہم بھی ایک ٹرین سے اُترتے ہیں تو دوسری میں سوار ہو جاتے ہیں۔ دوسری سے اترتے ہیں تو تیسری میں گھس جاتے ہیں۔ اب تو خیر ان ٹرینوں میں ہمیں بیٹھنے کی عادت ہوگئی ہے۔ ابتدا میں ان میں بیٹھتے ہوئے ڈر لگتا تھا اس لیے کہ یہ ٹرینیں کسی بھی اسٹیشن پر ایک منٹ سے زیادہ نہیں ٹھہرتیں۔ اِدھر ٹرینیں رکتی ہے ادھر ساری ٹرین کے دروازے خود بخود کھل جاتے ہیں۔ اترنے والے اتر جاتے ہیں اور ٹرین میں چڑھنے والے چڑھ جاتے ہیں۔ اور پھر دروازے خود بخود بند ہو جاتے ہیں۔ ہمیں اکثر یہ ڈر ہوتا تھا کہ اگر ہمارا ایک پاؤں ڈبّے میں اور دوسرا پلیٹ فارم پر ہو اور ایسے میں ڈبّے کا دروازہ خود بخود بند ہو جائے تو ہمارا جو ہونا ہے سو ہو جائے گا مگر ہمارے بال بچوں کا کیا ہو گا؟ مگر جاپانی ٹرینیں بہت سمجھدار ہوتی ہیں۔ مسافر کا اتنا خیال رکھتی ہیں کہ سفر کرنے کا لطف ہی نہیں آتا؟ ہم جب تک پوری طرح ڈبّے میں داخل نہیں ہوتے تب تک ٹرین کے دروازے بند نہیں ہوتے۔ ٹوکیو میں زیادہ تر ٹرینیں خانگی ریلوے کمپنیاں چلاتی ہیں۔ حکومت کی طرف سے بھی ایک ٹرین چلائی جاتی ہے لیکن اس میں لوگ ذرا کم ہی بیٹھتے ہیں کیونکہ سرکاری ٹرین ہونے کی وجہ سے اس کا کرایہ دوسری ٹرینوں کے

مقابلے میں زیادہ ہوتا ہے اور کارگزاری بھی کچھ ایسی ویسی ہی ہوتی ہے۔ ہر کمپنی کی ٹرین کا رنگ مختلف ہوتا ہے۔ نیلی، پیلی، لال، ہری، مٹیالی غرض ہر رنگ کی ٹرینیں ہوتی ہیں۔ کچھ ریل گاڑیاں زمین کے اوپر چلتی ہیں اور اکثر زمین کے نیچے چلتی ہیں۔ ٹوکیو زمین کے اوپر جتنا آباد ہے، اتنا ہی زمین کے نیچے بھی آباد ہے۔ کئی بڑے اسٹیشن زمین کے نیچے آباد ہیں۔

جاپان کی ریل گاڑیاں دنیا کی ترقی یافتہ ریل گاڑیاں سمجھی جاتی ہیں لیکن پھر بھی ہماری ریل گاڑیوں کا مقابلہ نہیں کر سکتیں۔ ہماری ریل گاڑیوں میں جو سہولتیں دستیاب ہیں وہ جاپانی ریل گاڑیوں میں ہرگز نہیں ہیں۔ مثال کے طور پر، ہم اپنے وطن کی گاڑیوں میں اکثر دروازے سے لگے ہوئے ڈنڈے سے لٹک کر سفر کرتے ہیں۔ بڑا لطف آتا ہے۔ یہ سہولت جاپانی ریل گاڑی میں بالکل نہیں ہے۔ ہم جب بھی سفر کرتے ہیں تو اپنی پرانی بُش شرٹ یا پتلون ضرور پھٹروا لیتے ہیں۔ یہ سہولت جاپانی ٹرین میں نہیں ہے۔ پھر جاپانی ٹرینوں کے مسافر بھی بڑے بداخلاق ہوتے ہیں۔ کسی سے کوئی بات نہیں کرتے۔ بھلا یہ بھی کوئی سفر کرنے کا طریقہ ہوا! ہم جاپانی ٹرینوں میں پچھلے ایک مہینے سے سفر کر رہے ہیں، کسی مسافر نے پلٹ کر یہ نہیں پوچھا کہ میاں کہاں رہتے ہو؟ کہاں جا رہے ہو؟ بال بچے کتنے ہیں؟ کتنے بچوں کی شادیاں ہو چکی ہیں؟ آپ کے شہر میں پیاز کا کیا بھاؤ ہے؟ آلو کے کیا دام ہیں؟ پرنس چارلس کی شادی کب ہونے والی ہے؟ تیسری جنگ عظیم کب ہوگی؟ وغیرہ وغیرہ جاپانی لوگ ٹرین میں سفر کرتے وقت 'مون برت' رکھ لیتے ہیں۔ پلیٹ فارم پر کھڑے کتابیں پڑھتے رہتے ہیں۔ ٹرین آتی ہے تو کتاب میں انگلی رکھ کر ٹرین میں گھس کر بیٹھ جاتے ہیں اور سیٹ پر بیٹھتے ہی پھر کتاب کھول کر پڑھنے لگ جاتے ہیں۔ ہمیں اکثر یوں محسوس ہوتا ہے جیسے ہم کسی لائبریری میں بیٹھے ہیں اور لائبریری کے نیچے پہیے لگا دیے گئے ہیں۔ جاپانی یا تو پڑھتے ہیں یا لکھتے ہیں، باتیں بہت کم کرتے ہیں۔ انھیں کون سمجھائے کہ میاں! ریل گاڑیوں میں لوگ چہرے پڑھتے ہیں، کتابیں نہیں

پڑھتے۔ ایک دوسرے کی خیرت دریافت کرتے ہیں اور حالاتِ حاضرہ پر تبصرہ کرتے ہیں۔ جاپانیوں کو سفر کرنا بالکل نہیں آتا! اس معاملے میں یہ لوگ ہم سے بہت پیچھے ہیں۔ صرف آرام دہ ریل گاڑیاں بنانے سے کچھ بھی نہیں ہوتا۔ سفر کرنے کے کچھ آداب بھی ہوتے ہیں جن سے جاپانی بالکل واقف نہیں ہیں۔ ہمیں جاپانی ریل گاڑیوں سے یہ بھی شکایت ہے کہ وہ بہت ٹھیک وقت پر چلتی ہیں۔ انتظار میں جو لذّت ہوتی ہے اس کا مزہ جاپانیوں کو کیا معلوم؟ ایسے ہی کئی معاملات ہیں جن میں جاپانی ہم سے بہت پیچھے ہیں۔ آپ یقین کریں کہ ہمیں ٹوکیو میں کسی بھی اسٹیشن پر ٹرین کے لیے دو منٹ سے زیادہ انتظار نہیں کرنا پڑا۔ ایک ٹرین جاتی ہے تو دوسری اس کے پیچھے آجاتی ہے اور پھر ان کی رفتار بھی اتنی تیز کہ آدمی کا کلیجہ منہ کو آجائے! پتہ نہیں انھیں کہاں جانے کی جلدی ہوتی ہے! ہماری ریل گاڑیاں اسٹیشن میں داخل ہونے سے پہلے بیرونی سگنل کے پاس ضرور رکتی ہیں، سیٹیاں بجاتی ہیں اور مسافر کھڑکیوں میں سے جھانک جھانک کر سگنل کو دیکھتے ہیں۔ کتنا مزہ آتا ہے! لگتا ہے جاپانی ریل گاڑیوں کا کوئی سگنل ہی نہیں ہوتا۔ بس منہ اٹھائے کسی بھی اسٹیشن میں گھس جاتی ہیں!

ہم نے جاپان کی بلٹ ٹرین کی شہرت بہت سنی تھی۔ اس میں بھی سفر کر کے دیکھ لیا! بالکل واہیات گاڑی ہے! ہمیں بلٹ ٹرین میں بیٹھ کر ٹوکیو سے کیوٹو جانا تھا۔ یونسکو کے عہدہ دار "شنجی تاجما" سے کیوٹو کا فاصلہ پوچھا۔ معلوم ہوا کہ تقریباً پانچ سو کلو میٹر سے کچھ اوپر کا فاصلہ ہے۔ اب آدمی اتنے لمبے سفر پر جاتا ہے تو سفر کی تیاریاں بھی کرتا ہے۔ ہم نے پوچھا "اتنا لمبا سفر ہے، بستر بند بھی ساتھ رکھ لیں؟" شنجی تاجما نے ہنس کر کہا "اس میں سونے کی جگہ ہی کہاں ہوتی ہے کہ آپ اپنا بستر لگا سکیں۔"

پوچھا "راستے میں پانی کے لیے صراحی یا لوٹا رکھ لیں؟"

تاجما نے کہا "پانی آپ کو ٹرین میں مل جائے گا۔"

پوچھا "اور توشہ دان کے بارے میں آپ کا کیا خیال ہے؟"

تا جما نے کہا’’ صبح کا ناشتہ کر کے ٹوکیو سے چلیں گے۔ دوپہر کا کھانا کیوٹو میں کھالیں گے۔‘‘

ہم نے کہا’’ یہ کیسے ہوسکتا ہے؟ ہمارے ہاں مجھے سوکلو میٹر فاصلے والے سفر کے لیے کم ازکم دو وقت کا کھانا، پانی سے بھری ہوئی ایک صراحی، ایک لوٹا، ایک بستر بند اور دو عدد تکیے رکھنا ضروری ہوتا ہے۔‘‘

شنجی تا جما چونکہ ایک سال ہندوستان میں رہ چکے ہیں اور ہماری ٹرینوں میں سفر کا خاصہ لمبا تجربہ رکھتے ہیں، اس لیے شرما کر بولے’’ مجھے آپ کی مجبوری کا اندازہ ہے۔ ہندوستان میں سفر کرنے کا لطف ہی کچھ اور ہے! مجھے ایک بار آپ کی ٹرین میں چالیس گھنٹوں تک بیٹھنے کا اتفاق ہوا تھا۔ ان چالیس گھنٹوں میں میرے ساتھی مسافر کی دو صراحیاں ٹوٹی تھیں اور سارے ڈبے میں جل تھل ہوگیا تھا۔ ہر اسٹیشن پر اتر کر لوٹوں سے پانی بھرنے کا مزہ ہی کچھ اور ہوتا ہے۔ ہماری ٹرینوں میں یہ سہولت نہیں ہوتی۔‘‘

ہمیں بتایا گیا تھا کہ کیوٹو جانے کے لیے ٹوکیو سینٹرل اسٹیشن سے بلٹ ٹرین آٹھ بج کر اکتالیس منٹ پر نکلے گی۔ ہم نے سوچا یہ صرف ایک دھونس ہے جو ہم پر جمائی جارہی ہے۔ بھلا کون سی ٹرین وقت پر چلتی ہے؟ ہم ٹوکیو سینٹرل اسٹیشن پہنچے تو ساڑھے آٹھ بج چکے تھے اور بلٹ ٹرین کا دور دور تک پتہ نہیں تھا۔ ہم نے تا جما کو چھیڑنے کے انداز میں کہا’’ حضرت! وہ جو بلٹ ٹرین آٹھ بج کر اکتالیس منٹ پر چلنے والی تھی وہ کہاں ہے؟‘‘

تا جما نے کہا’’ بس آتی ہی ہوگی۔‘‘ ٹھیک آٹھ بج کر پینتیس منٹ پر بلٹ ٹرین پلیٹ فارم پر نمودار ہوئی۔ اس کا انجن طیارے کی شکل کا ہوتا ہے۔ دیکھنے میں بہت خوبورت ہوتی ہے۔ اس میں سولہ ڈبّے لگے ہوتے ہیں۔ ساری ٹرین ایئر کنڈیشنڈ ہوتی ہے۔ ہم ٹرین میں داخل ہوئے تو یوں لگا جیسے ہم طیارے میں پہنچے ہیں۔ نشستوں کا انتظام اسی طرح کا ہوتا ہے۔ یہ ٹرین ’ہانشو‘ جزیرے میں واقع ٹوکیو سے ’کیوشو‘ جزیرے میں واقع ’ہکاتا‘ تک ایک ہزار ستر کلو میٹر کا فاصلہ تقریباً چھ گھنٹوں میں طے کرتی ہے۔ یہ دنیا کی

سب سے تیز رفتار ٹرین سمجھی جاتی ہے کیونکہ یہ ایک گھنٹے میں دو سو دس کلو میٹر کا فاصلہ طے کرتی ہے۔

ہم ٹرین میں بیٹھے اپنی گھڑی کو دیکھ رہے تھے کہ ٹھیک آٹھ بج کر اکتالیس منٹ پر ٹرین گولی کی طرح اسٹیشن سے نکلی، تب ہمیں یقین آیا کہ اس ٹرین کو ''بلٹ ٹرین'' کیوں کہتے ہیں۔ دلچسپ بات یہ ہے کہ ہر دس منٹ کے بعد ایک بلٹ ٹرین ٹوکیو سے ہکاتا کے لیے نکلتی ہے۔ ان ٹرینوں کی سب سے بڑی خوبی ان کی پابندیٔ وقت ہے۔ ہمیں بتایا گیا کہ اگر کبھی ٹرین دس منٹ لیٹ ہو جائے تو مسافر کو سارا کرایہ واپس کر دیا جاتا ہے۔ ان ٹرینوں میں آٹو میٹک کنٹرول ہوتا ہے۔ کبھی ٹرین کی رفتار تیز ہو جائے تو ٹرین کو خود بخود بریک لگ جاتے ہیں۔ جاپان میں زلزلے بہت آتے ہیں۔ جیسے ہی زلزلہ آتا ہے ٹرین خود بخود رک جاتی ہے۔ پٹریوں کی سلامتی کے بارے میں سگنل بھی سیکنڈوں میں ملتا ہے۔ ہر ٹرین کا ٹیلیفون رابطہ ایک دوسرے سے اور ساری ٹرینوں کا رابطہ ٹوکیو کے سینٹرل اسٹیشن سے ہوتا ہے۔ بلٹ ٹرین میں سفر کر کے ہمیں دکھ اس بات کا ہوا کہ اس میں دھکّے نہیں لگتے! ٹرین کے چلنے کی آواز بھی اندر سنائی نہیں دیتی کیونکہ اس ٹرین کی کھڑکیوں میں دو شیشے لگے ہوتے ہیں اور ان دونوں شیشوں کے درمیان خلا ہوتا ہے جس کی وجہ سے باہر کی آواز اندر سنائی نہیں دیتی۔ دھکّے نہ لگنے اور آواز نہ آنے کے باعث اس کی رفتار کا صحیح اندازہ نہیں ہو سکتا۔ ہمیں بھی اس کی رفتار کے بارے میں شبہ ہو گیا تھا۔ ہمارے دوست نے ہمیں ڈائننگ کار میں لے جا کر ٹرین کا میٹر دکھایا۔ سچ مچ ٹرین دو سو دس کلو میٹر فی گھنٹے کی رفتار سے چل رہی تھی۔

صاجبو! اگر آپ کو بلٹ ٹرین کے ذریعے ٹوکیو سے کیوٹو جانے کا موقع ملے تو اپنے دل پر قابو رکھیے اس لیے کہ جاپان کا قدرتی حسن آپ کو مسحور کر دے گا۔ بائیں طرف سمندر آپ کے ساتھ ساتھ چلے گا۔ چھوٹے چھوٹے جزیرے نظر آئیں گے اور دائیں طرف فیوجی پہاڑ نظر آتا رہے گا جو وقفے وقفے سے بڑا ہوتا جائے گا۔ ٹرین میں سے فیوجی پہاڑ کا نظارہ

خود حیران کر دینے والا ہوتا ہے۔ اس لائن پر آپ کو ''ناگویا'' کا شہر بھی ملے گا جو جاپان کا چوتھا بڑا شہر ہے۔ ناگویا کا قلعہ بڑی شہرت رکھتا ہے جو دوسری جنگ عظیم میں برباد ہوگیا تھا۔ اسے ۱۹۵۹ء میں دوبارہ تعمیر کیا گیا۔ تین گھنٹوں کے سفر میں ہم نے جاپان کا جو حسن دیکھا وہ زندگی بھر ہمارے دل پر نقش رہے گا۔ خدا کرے، یہ ہمیشہ ہماری یادداشت کا ایک اثاثہ بنا رہے۔ دوسری جنگ عظیم بھی یاد آئی جس میں اس قدرتی حسن پر بمباری کی گئی تھی۔ انھی جگہوں پر کہیں آگ اور بربادی کا ناٹک کھیلا گیا ہوگا! پھر ''ہیروشیما'' بھی تو یہاں سے پاس ہے۔ انسان جب از سرِ نو جینے کا اہتمام کرتا ہے تو بربادیوں کے نشان خود بخود مٹ جاتے ہیں۔

بلٹ ٹرین میں ٹیلیفون کی سہولت ہوتی ہے چنانچہ بلٹ ٹرین میں سفر کرتے کرتے ہم نے 'اوساکا' کو فون کیا اور اردو کے استاد مسٹر 'اسادہ' کو یہ مژدہ سنایا کہ ہم کیوٹو آرہے ہیں۔ ٹرین میں وقفے وقفے سے اعلانات ہوتے رہے کہ باہر کا موسم ایسا ہے، ہم اتنا فاصلہ طے کر چکے ہیں۔ اب فلاں اسٹیشن آنے والا ہے۔ وغیرہ وغیرہ۔

تقریباً پونے تین گھنٹوں بعد جب ہم کیوٹو پہنچے اور گھڑی دیکھی تو پتہ چلا کہ گاڑی کے پہنچنے کے وقت میں آدھے منٹ کا بھی فرق نہیں ہے۔ ٹوکیو میں بھی ہمیں ایک ٹرین سے ''سگامو'' اسٹیشن جانا تھا، اپنے ایک دوست سے ملنے کے لیے اسٹیشنوں کے نام جاپانی میں لکھے ہوتے ہیں، کہیں کہیں انگریزی میں بھی نام لکھے ہوتے ہیں۔ چونکہ ہم اکیلے سفر کر رہے تھے اس لیے ایک صاحب سے سگامو اسٹیشن کی پہچان پوچھی۔ ان صاحب نے کہا کہ گیارہ بج کر سینتیس (۱۱بج کر ۳۷) منٹ پر جو بھی اسٹیشن آئے اس پر اتر جائیے، وہ سگامو اسٹیشن ہی ہوگا اور ہم ٹھیک گیارہ بج کر سینتیس منٹ پر سگامو اسٹیشن پر موجود تھے۔

بلٹ ٹرین سے اترنے کے بعد ہمارے دوست شنجی تاجما نے پوچھا۔ ''آپ کا سفر کیسا رہا؟'' ہم نے کہا، ''مسٹر تاجما! آپ ہندوستان کی ٹرینوں میں سفر کر چکے ہیں۔ ہماری ٹرینوں میں جو سہولیتں ہوتی ہیں، وہ آپ کے یہاں کہاں؟ وہ سفر ہی کیا جس میں آدمی کو

دھکّے نہ لگیں ! ہم نے تین گھنٹے آپ کی ٹرین میں سفر کیا،کسی نے ہمارے سر پر صندوق نہیں رکھا،کسی کا ہولڈال ہمارے پاؤں پر نہیں گرا،کسی مسافر نے نشت کے لیے دوسرے مسافر سے لڑائی نہیں کی۔ اور پھر وہ اسٹیشن پر" چائے لو چائے ، پان، بیڑی ،سگریٹ" والی مانوس آوازیں سنائی نہیں دیں۔بھلا یہ بھی کوئی ٹرین کا سفر ہے !"

تاجما نے شرم کے مارے نظریں نیچی کرلیں ، بولے" آپ ٹھیک کہتے ہیں۔ہمیں آپ سے بہت کچھ سیکھنا ہے۔یوں بھی جاپان اور ہندوستان کا کیا مقابلہ ! ہمارا ملک چھوٹا ہے اور آپ کا ملک عظیم!" اور تاجما کی یہ بات سن کر ہمارا سر فخر سے اونچا ہوگیا۔

لہٰذا، صاحبو ! کبھی جاپان جاؤ تو بلٹ ٹرین میں بالکل نہ بیٹھو۔ بڑی واہیات ٹرین ہے! بلٹ ٹرین میں بیٹھنے سے بہتر یہی ہے کہ آدمی ہوائی جہاز میں بیٹھ جائے۔

(ماخوذ از جاپان چلو جاپن چلو)

لبنان میں

محمد اقبال انصاری

لبنان بحرِ روم کے مشرقی ساحل پر واقع ہے۔ اس کے شمال اور مشرق میں ملکِ شام اور جنوب میں حکومتِ اسرائیل ہے۔ اس کا کل رقبہ تین ہزار نو سو ستہتر مربع میل ہے جو پانچ محافظوں (ضلعوں) میں تقسیم ہے، بیروت، بقاع، شمالی لبنان، جنوبی لبنان، اور جبل لبنان جن کے دارالحکومت علی الترتیب بیروت زحلہ، طرابلس، صیدا اور بعبدا ہیں۔

بیروت پہنچ کر اس قدر حیرت و مایوسی نہیں ہوئی جس قدر قاہرہ پہنچ کر ہوئی تھی۔ دستور کے مطابق اس جمہوریہ کا کوئی مذہب ہے، نہ اس کے صدر کا مگر عملاً صدر عیسائی ہوتا ہے، وزیر اعظم سنّی، اور اسپیکر شیعہ۔ لباس کے اعتبار سے اگر لبنان میں کچھ عربیت کے آثار پائے جاتے ہیں تو وہ قدامت پرست عورتوں میں ہیں جنھوں نے چہرے پر برائے نام نقاب ڈال رکھی ہے جو اُن کے مسلمان ہونے کی بھی نشانی ہے ورنہ مسلم و عیسائی میں امتیاز نہ صرف یہ کہ دشوار بلکہ ناممکن ہے اور کچھ امتیاز باقی رکھا ہے تو ان چند عورتوں نے جو گلے میں صلیب یا خانۂ مصحف، باریک زنجیر سے حمائل کر لیتی ہیں مگر اس کا رواج بھی بہت کم ہے۔

بیروت یوں بھی بہت چھوٹا شہر ہے اور قاہرہ کے مقابلے میں تو اور بھی چھوٹا محسوس ہوتا ہے مگر اس کا اثر سڑکوں پر زیادہ ہے جو بہت ہی تنگ ہیں۔ دامن کوہ میں اور ساحل سمندر کے درمیان واقع ہونے کی وجہ سے ان کے نیچے اور اونچے ہونے کا شکوہ

تو نہیں کیا جاسکتا البتہ ٹریفک کنٹرول کے ناکافی انتظام کی وجہ سے سڑکوں کی تنگی اور بھی نمایاں ہو جاتی ہے مگر اس تنگی سے زیادہ تکلیف دہ یہاں کی سڑکوں کے نام ہیں جو صرف نقشے میں آپ کو ملیں گے اور اگر کہیں خوش قسمتی سے ایک آدھ بورڈ نظر آجائے تو نمبر تلاش کرنے اور پوچھنے سے بھی معلوم نہ ہو سکے گا۔ اسی لیے اگر کسی سے ملنے جانا ہو تو یا کسی کو ساتھ لے کر جائیے یا پھر کولمبس کی دقتوں کا اندازہ کیجیے۔

ویسے بیروت بہت خوبصورت شہر بلکہ تفریح گاہ ہے اور دلچسپی اور دل بستگی کے اسباب کی جو فراوانی آپ کو یہاں نظر آئے گی، بڑے بڑے شہروں میں ڈھونڈنے سے نہیں ملے گی۔ سینماؤں اور شبینہ کلبوں کا تو کوئی شمار ہی نہیں ہے پھر مزید لطف یہ کہ یہاں ہر قسم کی آزادی ہے۔ لوگ یہاں صرف لطف و تفریح کی خاطر آتے ہیں اور خود یہاں والے بھی ''کھاؤ پیو، موج کرو'' کا نعرہ لگانے میں کسی سے پیچھے نہیں ہیں۔ بیروت کے آس پاس کی سرسبز و شاداب پہاڑیاں موسمِ گرما میں تو خوبصورتی اور چہل پہل میں خود بیروت سے بھی بڑھ جاتی ہیں اور چھوٹے چھوٹے مقامات پر بھی عالیشان ہوٹل اپنے تمام لوازمات کے ساتھ بادہ کشوں کے لیے چشم براہ رہتے ہیں۔

یہاں کا ذریعۂ آمدورفت ٹرام، ٹیکسی اور 'سرفیس' (Surface) ہے۔ ٹرام میں فرسٹ اور سیکنڈ، دو درجے ہوتے ہیں۔ ٹیکسی کو ٹیکسی کہنا اس کے ساتھ ناانصافی کرنا ہے اس لیے کہ اس میں نہ میٹر ہوتا ہے اور نہ اس کا کوئی مخصوص رنگ۔ کچھ دن غور کرنے کے بعد آپ اس نتیجے پر پہنچیں گے کہ پرائیویٹ کار کے نمبر کی تختی سیاہ ہوتی ہے اور ٹیکسی کی سرخ اور بس۔ ورنہ ٹیکسی پرائیویٹ کار سے زیادہ شاندار ہوگی اور مشہور یہ ہے کہ یہاں ٹیکسی کا ماڈل پہلے بدلتا ہے اور ہر ایک سال بعد اور غالباً اس میں زیادہ مبالغہ بھی نہیں ہے۔ میں آخر مارچ میں بیروت پہنچا۔ جدھر دیکھتا ہوں نئے سال کا ماڈل ورنہ پچھلے سال کا۔ اس سے پرانے ماڈل بہت کم اور زیادہ تر پرائیویٹ کاروں میں نظر آئے۔ 'سرفیس' ٹیکسی ہی کی ایک قسم ہے البتہ اس کا کرایہ فی کس کے حساب سے دینا ہوتا ہے اور ان کے اڈے مقرر

ہیں البتہ جس بیچارگی سے سرفیس کے ڈرائیور 'واحد واحد' کہہ کر سواری بلاتے ہیں، اس پر ترس آتا ہے اور امین آباد (لکھنؤ) کے چوراہے کے یکہ والوں کی صدائیں کان میں گونجنے لگتی ہیں۔ بیروت سے آس پاس کے مقامات کے لیے بسیں اور ٹیکسیاں ملتی ہیں۔ بسیں بہت آرام دہ ہیں۔ ڈرائیور کے سامنے ایک بڑا شیشہ آویزاں ہوتا ہے جس سے وہ منہ موڑے بغیر پوری بس کا جائزہ لیتا رہتا ہے۔ ریل بھی ہے مگر وہ بار برداری کے کام آتی ہے اور سواری کے لیے برائے نام۔ میں تقریباً تین ماہ بیروت میں رہا اور آس پاس کے بیشتر مقامات پر جانے کا اتفاق ہوا مگر اس عرصے میں تین یا چار بار مال گاڑی نظر آئی۔ سواری گاڑی چلتے دیکھنے کی حسرت ہی رہی۔

مصر میں تو خیر بڑی تلاش و جستجو کے بعد پوسٹ کارڈ مل گیا تھا مگر یہاں وہ جنس بھی نایاب ملی۔ ڈاک خانے سے صرف ٹکٹ ملتے ہیں۔ مجھے تو اتنے دنوں میں صرف ایک ہی ڈاک خانہ نظر آیا جو یہاں کا بڑا ڈاک خانہ ہے۔ اس کے علاوہ آپ کو جگہ جگہ دکانوں پر لیٹر بکس کے قریب ''فرعِ بریدی'' کا بورڈ نظر آئے گا جہاں سے آپ ٹکٹ خرید سکتے ہیں اور رجسٹری کر سکتے ہیں۔ بقیہ کاموں کے لیے بڑے ڈاکخانے جانے ہی کی زحمت کرنا ہوگی۔

مصر کی طرح یہاں بھی 'عامیہ' (عوامی عربی بولی) کا سکہ ہر جگہ چلتا ہے اور یہ مصر کی عوامی بولی سے کسی حد تک مختلف بھی ہے مگر چونکہ مصری برابر یہاں آتے رہتے ہیں اس لیے وہیں کی عوامی بولی یہاں بھی کام دے جاتی ہے۔ ویسے فرنچ زیادہ مقبول ہے اور فصیح عربی بھی لوگ آسانی سے سمجھ لیتے ہیں اس لیے کہ یہاں نسبتِ خواندگی بہت ہی زیادہ ہے اور عام طور پر تو یہ خیال ہے کہ اس کی نسبت پچاسی اور نوّے فی صد کے درمیان ہے۔ صرف بیروت کے لیے یہ نسبت غالباً صحیح بھی ہو البتہ پورے لبنان کی نسبتِ خواندگی اوسطاً پچاس اور ساٹھ فیصد ہوگی اگرچہ یہ بھی مصر سے تقریباً دگنی ہے۔ اس کا سبب یہاں کی یونیوسٹیاں اور متعدد ملکی و غیر ملکی مدارس ہیں۔ ان میں امریکن اور فرانسیسی یونیورسٹیاں تو پورے مشرقِ وسطیٰ میں اپنی نظیر نہیں رکھتیں۔ قومی یونیورسٹی ابھی نوزائیدہ ہے اور اس کی

حیثیت ایک ٹریننگ کالج سے زیادہ نہیں ہے۔ یہاں دو بڑی لائبریریاں بھی ہیں۔ایک تو سرکاری پبلک لائبریری، دوسری فرانسیسی یونیورسٹی کی مشرقی لائبریری جو اپنے بیش قیمت ذخیرے اور قلمی نوادرات کی وجہ سے بہت مشہور ہے۔ امریکن یونیورسٹی کی لائبریری بھی اچھی ہے مگر وہ صرف یونیورسٹی کے طلبہ واساتذہ کے لیے مخصوص ہے البتہ ایک دارالمطالعہ کی بڑی کمی محسوس ہوتی ہے جہاں اخبارات و رسائل کا مطالعہ کیا جا سکے۔ یہاں دو عجائب خانے ہیں، ایک سرکاری، دوسرا امریکن یونیورسٹی میں۔

غالباً یہ یہاں کی نسبتِ خواندگی کا ہی فیض ہے کہ اس چھوٹے سے مقام سے تینتالیس روزنامے نکلتے ہیں۔تینتیس عربی میں، چار ارمنی میں، پانچ فرانسیسی میں اور ایک انگریزی میں، اگرچہ ان میں سے بیشتر اخبار کم اور اشتہارات زیادہ ہوتے ہیں۔ ان اخبارات و رسائل کے ساتھ ساتھ کئی مکتبے مختلف زبانوں کی اہم کتب کو عربی جامہ پہنانے میں مصروف ہیں اور ساتھ ہی ساتھ قدیم عربی مطبوعات کو دوبارہ شائع کرنے میں سرگرمِ عمل ہیں۔

سیاست کی طرح دینی شعور و جذبہ کی مسلمانوں میں بڑی ہی کمی محسوس ہوتی ہے اور غیر ملکی مشنریوں کی سرگرمی و مستعدی قابل رشک ہے۔ نہ صرف یہ کہ آپ کو بیروت میں کثرت سے گرجے نظر آئیں گے بلکہ بیروت سے باہر نکلنے پر شاید ہی کوئی پہاڑی یا ٹیلہ ایسا نظر آئے جس پر صلیب کا نشان نہ ہو البتہ اسلام کی زبوں حالی کی دردناک داستان مسجدوں کی ویرانی و بے سروسامانی کی زبانی سنیے جو بیروت وطرابلس میں تو خیر نظر بھی آجاتی ہیں، دوسرے مقامات پر چاروں طرف نظر ڈالنے کے بعد مسجد کا مینارہ مشکل سے نظر آتا ہے۔ حسرت نے کہا تھا۔

کٹ گیا قید میں ماہِ رمضان بھی حسرت
نہ تو سامان سحر کا تھا نہ افطاری کا

میں رمضان بھر لبنان میں اپنے کو قیدی محسوس کرتا رہا اور اس شعر کو برابر دہراتا

رہا۔ یہاں نہ صرف یہ کہ مسجدوں میں افطار کا اہتمام نہیں ہوتا بلکہ اگر مؤذن صاحب تشریف لاتے بھی ہیں تو اذان دے کر گھر افطا کرنے چلے جاتے ہیں۔ماہِ صیام جس بے لطفی سے گزرا تھا، عید کا دن اس سے بھی زیادہ بے لطفی سے گزرا۔ یہاں عید گاہ کا رواج ہی نہیں۔ 'جامع عمر الکبیر' یہاں کی سب سے بڑی مسجد ہے۔زیادہ تر لوگ اسی میں نماز عید ادا کرتے ہیں۔ویسے تقریباً ہر مسجد میں نماز ہوتی ہے۔ بہت سویرے نماز فجر کے ذرا بعد ہی نمازِ عید سے فراغت ہوگئی اور اگر کچھ عید کا احساس ہوا تو اس'' گارڈ آف آنر'' سے جو وزیر اعظم صاحب کے مسجد میں داخلے کے وقت پیش کیا گیا اور صبح کی خاموش فضا میں دیر تک اس کے نغمے گونجتے رہے۔ نماز کے بعد خطبہ شروع ہوا مگر اس کے ختم ہونے کے قبل دو تہائی سے زیادہ مسجد خالی ہو چکی تھی - ویسے نمازِ جماعت کے بعد اپنے قریب والے سے مصافحے کا عام رواج ہے مگر اس روز یہ رسمِ کہن بھی اڑا دی گئی۔مصافحے کا تو خیر ذکر ہی کیا، خطبے کے بعد ہر شخص جلد سے جلد مسجد سے نکل جانے کے لیے کوشاں تھا۔

یہاں کے قیام میں متعدد لوگوں سے جان پہچان ہوگئی تھی لیکن یہاں عید کے دن ایک دوسرے کے گھر پر جا کر ملنے کا رواج نہیں۔لوگ ایک دوسرے سے ملنے کے بجائے قریب کے پہاڑوں پر جا کر دادِ عیش دیتے ہیں اور جو وہاں نہیں جاسکتے ان کے لیے متعدد سینماؤں اور رقص گاہوں کے دروازے خاص اہتمام سے کھل جاتے ہیں۔

نماز سے فارغ ہو کر قیام گاہ واپس پہنچا تو کچھ دیر سوچنا پڑا کہ آخر وقت گزاری کس طرح ہو؟

بالآخر خطوط کے جواب دینے بیٹھ گیا اور اس میں اس روز خاص لطف محسوس ہوا۔ اس سے فارغ ہو کر وراثت علی قدوائی صاحب سے عید ملنے چلا گیا۔ ان کے ساتھ ہی انھی کے اصرار پر وزیر اعظم و مفتی اعظم سے ملنے چلا گیا جہاں عید کے دن ُصلائے عامٗ ہوتی ہے۔وہاں چاکلیٹ اور کافی سے تواضع ہوئی اور تقریباً پون گھنٹے میں ان رسمی ملاقاتوں سے بھی فراغت ہوگئی تو واپسی پر ملہوترا صاحب کے یہاں چلا گیا۔ یہاں کے مختصر قیام میں ان

سے کافی بے تکلفی ہوگئی تھی۔ ان کے اصرار پر دوپہر کا کھانا ان کے ساتھ کھایا اوران کی اہلیہ نے سویّاں نما مکرونہ منگوا کراس کی بڑی ہی مزیدارقوامی سِویّاں بنائیں اوراس طرح پردیس میں بھی دیس کی ایک رسم تازہ ہوگئی اور بقیہ دن بھی ہم وطنوں کے ساتھ ہی گزرا۔

(ماخوذ از نیل سے فرات تک)

❖❖❖

مٹی کی خوشبو

رام لعل

سرگودھا سے میانوالی کا سفر میرے لیے نیا نہیں تھا۔ اس راستے سے میں ریل اور بسوں کے ذریعے کئی بار آیا گیا تھا لیکن یہ چونتیس برس پہلے کی بات ہے۔ ایک بار لاہور جاتے ہوئے میں رات کے وقت خوشاب اسٹیشن پر پانی پینے کے لیے اتر پڑا تھا اور گاڑی چل دی تھی۔ میں بھاگتے ہوئے جس ڈبے کا ہینڈل پکڑ کر فٹ بورڈر پر قدم جمانے میں کامیاب ہوگیا تھا وہ اتفاق سے ایک زنانہ ڈبّہ تھا اور اس میں ایک معمر خاتون بیٹھی نماز پڑھ رہی تھی۔ میں نے بہت التجا آمیز لہجے میں اس سے دروازہ کھول دینے کے لیے کہا تھا کیونکہ ہر لمحہ گر پڑنے کا دھڑکا لگا ہوا تھا۔ اس نے نماز چھوڑ کر میرے لیے دروازہ کھول دیا تھا۔ اس کو میں آج بھی یاد کرتا ہوں تو خیال آتا ہے کہ اگر اس نے دروازہ نہ کھولا ہوتا اور میں گر گیا ہوتا تو شاید آج میرا وجود بھی نہ ہوتا۔

شام کے پانچ بج چکے تھے۔ سورج ڈوب رہا تھا۔ میں نے لکھنؤ میں رہتے ہوئے کئی مرتبہ اپنے سابق وطن کی اس سمت میں دیکھا تھا۔ اس وقت بھی سورج ہمارے سر پر ہوتا ہوا مغرب کی طرف سفر کر جاتا تھا اور اب میں اسی مغربی علاقے میں لال لال شفق، دونوں طرف کے کھیتوں، درختوں اور ان پر چھائے ہوئے آسمان کو بڑی خاموشی سے دیکھتا جارہا تھا۔ میں دھیرے دھیرے اس سرزمین کی طرف بڑھ رہا تھا جہاں پہنچنے کے لیے میں نے بے شمار خواب دیکھے تھے لیکن یقین کبھی نہیں ہوا تھا کہ میں واقعی کسی روز

وہاں پہنچ جاؤں گا۔ مجھے اس بات کا بھی احساس تھا کہ اس وقت وہاں کئی لوگ میرا انتظار کر رہے ہوں گے۔ محمد رمضان کا جس نے صبح فون پر لاہور میں میرا پروگرام معلوم کر لیا تھا۔ وہ تو چاہتا تھا اگر میں ٹرین سے پہنچوں تو شہر کے بے شمار لوگ وہاں میرا استقبال کریں گے لیکن میں نے اسے بتا دیا تھا کہ میں چھ بجے کے قریب کار سے سلطان میڈیکل اسٹور پہنچ جاؤں گا۔

چھے بجے کار کمپنی باغ روڈ سے ہو کر گورنمنٹ ہائی اسکول کی طرف مڑی (جو اَب گورنمنٹ کالج ہوگیا ہے) تو میرے ذہن میں سوئے ہوئے سارے نقشے پھر سے بیدار ہو گئے۔ میرا جی چاہا گاڑی رکوا کر اور باہر نکل کر اس دھرتی کو چوم لوں لیکن ڈرائیور بڑی تیزی سے کار ریلوے لائن کے پھاٹک کے پار لے آیا اور پھر رفتار کو مدھم کر کے پوچھنے لگا "اب کس طرف جانا ہے جناب!" میں نے کہا "دائیں ہاتھ پر میونسپل کمیٹی کا دفتر ہے، تم بائیں ہاتھ ریلوے روڈ کی طرف مڑ جاؤ۔ اسٹیشن کے سامنے ایک لمبا بازار آئے گا۔ ہم اسی بازار میں جا کر سلطان میڈیکل اسٹور پوچھ لیں گے۔ غلہ منڈی کے سامنے ہوگا۔"

ہماری کار اچانک ایک جگہ رک گئی تو کئی لوگوں نے آ کر مجھے گھیر لیا۔ وہ پیچھے پیچھے چلے آرہے تھے۔ انھوں نے مجھے پہچان لیا تھا۔

میں نے بڑی حیرت سے دو تین بند دکانوں کی طرف دیکھا۔ ان میں سے کون سی ہماری دکان تھی، میں نے ایک دو منزلہ دکان کی طرف دیکھ کر اندازہ لگایا۔ اس کے ساتھ ایک دکان چھوڑ کر اپنی دکان کو پہچاننے کی کوشش کی۔ سارے سائن بورڈ بدل چکے تھے۔ رات اتر رہی تھی - بتیّاں گل ہو رہی تھیں۔ میں دوستوں کے گھیرے میں کھڑا ہوا خاموشی سے اس دکان کے بند دروازوں کی طرف دیکھتا رہا۔ اسکول سے لوٹ کر میں شام تک یہیں پڑھتا رہتا تھا، اپنے والد اور چچا کی کڑی نظروں کے سامنے۔ کپڑے کی اس دکان سے مجھے ہر قسم کا لباس بنوانے کی آزادی حاصل رہی تھی۔ اسی دکان کے اندرونی حصّے میں ایک روز مجھے ایک بچھو نے ڈنک مار دیا تھا اور میرے پاؤں کو جھاڑنے کے

لیے ایک ایسے شخص 'سکھا' کو بلوایا گیا تھا جو وہاں کا ایک نامی غنڈہ تھا اور وہ کئی سال بعد ایک عورت کے قتل کے جرم میں پھانسی پر لٹکا دیا گیا تھا۔ اسی دکان پر میں نے ایک مرتبہ ایک اکنّی چرائی تھی اور اپنے والد سے پہلی مرتبہ مار کھائی تھی۔ اسی دکان پر ہمارا دھوبی، رحمان کپڑے دھو کر دے جاتا تھا اور میرے والد اپنے ہاتھوں سے مجھے کپڑے پہناتے تھے اور خود ہی میری قمیص کے بٹن بند کرتے تھے۔

میرا قیام سلطان احمد کے گھر پر تھا۔ وہاں سے میں چائے پی کر دوستوں کے ہجوم کے ساتھ پھر نکل پڑا۔ نیا پولیس اسٹیشن پڑوس میں ہی تھا۔ وہاں اپنی آمد کی رپورٹ لکھوا کر بازار اور گلیوں میں گھومتا پھرا۔ ایک گلی جو میری نانی کے گھر کو جاتی تھی، ایک گلی سناتن دھرم مندر کو اور ایک فتح محمد کی میت (مسجد) کو۔ اس کے سامنے ملک ظفر اسٹریٹ تھی۔ اسی گلی میں میں نے ایک بار اپنے ایک ہم جماعت کے ساتھ ہاتھا پائی کی تھی اور ہم نے ایک دوسرے کو کتابوں کے جز دانوں سے مارا تھا۔ ملک ظفر چونکہ میونسپل کمیٹی اور ڈسٹرکٹ بورڈ کا ممبر تھا اس لیے یہ گلی ہمیشہ پکی بنائی جاتی تھیں۔ میرے چھوٹے چچا نے ہی مجھے پہلے ہی مرغیاں ذبح کرنا سکھایا تھا۔ میں نے ہر طرف ایک اداسی سے دیکھا۔ جس دیوار کے ساتھ ہمارا تندور ہوا کرتا تھا، وہ غائب تھا لیکن دیوار پر دھوئیں کا ایک نشان ابھی تک موجود تھا۔ وہیں دیوار کے ساتھ چکی کا ایک پاٹ بھی رکھا ہوا تھا۔ اِسی چکی پر میری دادی اور پر دادی نے بھی برسوں تک اناج پیسا ہوگا اور ساتھ ساتھ کئی لوک گیت گائے ہوں گے۔ میں کتنے سارے لوگوں کی نظروں کے سامنے کھڑا سوچ رہا تھا۔ یہی وہ جگہ ہے جہاں سے میرا ماضی شروع ہوتا ہے۔ جب میں چھوٹا تھا تو یہاں مٹی اور اینٹوں کے بنے ہوئے کمرے ہوا کرتے تھے جس کے آنگن میں ایک بیر کا گھنا پیڑ بھی ہوا کرتا تھا۔ پھر یہ جدید طرز کا مکان بنا لیا گیا تھا۔ میں اسی گھر میں پیدا ہوا تھا۔ اسی گھر کو میں نے ۲۸/ دسمبر ۱۹۴۶ء کو چھوڑا تھا جب میں اپنی بیوی اور ایک ماہ کی بچی کو ساتھ لے کر لاہور گیا تھا۔ میری بچی نے بھی اسی گھر میں جنم لیا تھا۔ اسی گھر میں میرے والد اور میرے چھوٹے چچا

اپنی اپنی دلہنیں بیاہ کر لائے تھے۔ میری والدہ نے اسی گھر میں دم توڑا تھا اور میرے جواں سال چھوٹے بھائی 'شام' نے بھی ٹی بی جیسے موذی مرض میں جان دی تھی۔ اب میرے والد، چھوٹے اور بڑے چچا بھی حیات نہیں ہیں۔ میں ہی اپنے خاندان میں اب سب سے بڑا ہوں اور برسوں بعد اس گھر میں واپس آیا ہوں جس کی مٹی کا ذرّہ ذرّہ میرے جسم اور دل و دماغ میں رچا بسا ہوا ہے۔ میں نے من ہی من میں اپنے پُرکھوں اور مرے ہوئے عزیزوں کو یاد کیا۔ پتہ نہیں کیسے میری زبان سے نکل گیا" مجھے اس گھر کی تھوڑی سی مٹی دے دو۔" تو تین چار لڑکے لپک کر زمین کھودنے بیٹھ گئے۔ انھوں نے آناً فاناً پلاسٹک کی ایک تھیلی میں میری جنم بھومی کی مٹی بھر کر مجھے دے دی۔ میں نے ان لڑکوں کی آنکھوں میں آنسو بھی بھرے ہوئے دیکھے۔ یہ بچے کون ہیں؟، ان کے تو میں نے نام تک نہیں پوچھے اور ان کے ساتھ میرا کوئی رشتہ بھی نہیں ہے۔ پھر یہ کیوں رو رہے ہیں؟ جبکہ میں خاموش ہوں، اپنے اوپر پورا قابو پائے ہوئے ہوں۔

شاید مٹی کا رشتہ بھی ایک رشتہ ہوتا ہے

زبان کا رشتہ بھی ایک رشتہ ہوتا ہے

اس مکان کے دونوں مکینوں نے چاہا کہ میں اسی گھر میں ان کے ساتھ رہوں لیکن چونکہ میں جانتا تھا اس جگہ پر میرا اب اتنا ہی حق رہ گیا تھا جو میں نے حاصل کر لیا تھا اس لیے ان کا شکریہ ادا کر کے باہر نکل آیا۔

ہم سب پھر موٹر میں سوار ہو گئے اور اس مکان کے سامنے جا کر رک گئے جہاں میری سسرال تھی۔ میری بیوی نے لکھنؤ اسٹیشن پر مجھے وداع کرتے وقت کہا تھا" ذرا اس مکان میں بھی چلے جائیے گا جہاں بارات لے کر گئے تھے۔" میں اسی گھر میں بارات لے کر آیا تھا، سہرا باندھے اور گھوڑی پر سوار ہو کر۔ اس واقعے کا گواہ میرے ساتھ اس شہر کا اب صرف ایک شخص تھا۔ سلطان احمد کندی۔ اس نے خود ہی آگے بڑھ کر دروازہ کھٹکھٹایا۔ اس میں رہنے والے دو بھائیوں، خواجہ عباس اور خواجہ عبدالستار سے ملایا۔ وہ مجھے گھر کے

اندر لے گئے۔ دالان وہی تھا، تھوڑی بہت مرمّت سے سب کچھ بدلا بدلا سا نظر آرہا تھا۔ ایک بیر کا پیڑ ابھی تک موجود تھا جس کے نیچے کھیل کر میری بیوی نے اپنا بچپن گزارا ہو گا۔ میں نے اس پیڑ کی دو شاخیں مانگیں تو وہ مجھے ایک خوبصورت پلاسٹک کے تھیلے میں سجا کر دے دی گیئں۔ پروفیسر محمد اجمل نیازی اور پروفیسر سلیم احسن بھی وہیں پہنچ گئے۔ وہ اب تک شام کو میونسپل کمیٹی کے جناح ہال میں مجھے شہریوں کی طرف سے دیے جانے والے استقبالیے کے سلسلے میں انتظامات میں لگے ہوئے تھے۔ اب چونکہ دوپہر کے کھانے کا وقت ہو رہا تھا، وہ مجھے اور میرے دوستوں کو بلانے کے لیے آگئے تھے۔ خواجہ منزل کے دونوں بھائیوں کا میں نے شکریہ ادا کیا اور وہاں سے چل پڑا۔

(ماخوذ از زرد پتّوں کی بہار)

لکھنؤ کا سفر

جوش ملیح آبادی

لکھنؤ جانے کے واسطے ہم ملیح آباد اسٹیشن پہنچے۔ گاڑی آنے میں ابھی دیر تھی۔ ہم سب ریل کا انتظار کرنے لگے۔

جدھر سے گاڑی آنے والی تھی، میں ادھر گھبرا گھبرا کر دیکھتا۔ بار بار مشیر احمد خان سے پوچھتا ''اب گاڑی کب آئے گی؟'' اور وہ ہر بار مسکرا کر جواب دیتے کہ ''بس اب آرہی ہے۔'' میں ابھی اوبھ ہی رہا تھا کہ ریلوے کے ایک ملازم نے ٹَن ٹَن، ٹَن ٹَن، گھنٹی بجائی۔ میں نے دریافت کیا ''اب گاڑی میں کتنی دیر ہے؟'' مشیر احمد خان نے کہا، ''بس اب پانچ منٹ کی دیر ہے۔'' میرا دل بَلّیوں اُچھلنے لگا۔

تھوڑی دیر میں دیکھا کہ گاڑی دھواں اڑاتی، گھڑ گھڑ، گھڑ گھڑ چلی آرہی ہے۔ دَھن دَھن، دَھڑ ادَھڑ، دَھڑ ادَھڑ کرتی گزرنے لگی۔ پلیٹ فارم تھرانے لگا۔ اِرد گرد کے ذرے اچھلنے کودنے لگے اور میرا دل زور زور سے دھڑکنے لگا۔

جب ہم سب اطمینان سے بیٹھ گئے، گارڈ نے ہری جھنڈی ہلائی۔ جھنڈی ہلا کر سیٹی بجائی۔ ہائے کیا سریلی سیٹی تھی! اس کے جواب میں انجن نے سیٹی دی۔ چوں چوں کے ساتھ پہیوں میں حرکت ہوئی اور گاڑی بڑی شان کے ساتھ چلنے لگی۔ چھک چھک، چھک چھک اور دل سے آواز آنے لگی بھک بھک، بھک بھک۔ جب گاڑی کی رفتار میں تیزی آ گئی تو ہوا کے ٹھنڈے جھونکے میرے چہرے سے ٹکرانے لگے اور جب رفتار اور بھی تیز ہو

گئی تو پٹری، کھمبے اور آموں کے باغ گھومنے جھومنے اور ناچنے لگے اور پٹری کے نیچے کی نالی اس قدر تیزی کے ساتھ دوڑنے لگی گویا ریل سے ریس کر رہی ہو۔ میں گنگنانے لگا:

چھک چھک چھک چھک گانے دو، گانے دو
چھک چھک چھک چھک جانے دو، جانے دو
آہاہاہا گانے دو ، او ہو او ہو جانے دو

اور جب پل پر سے گاڑی گڑم گڑم گڑم کرتی گزرنے لگی تو میرے دانتوں کے نیچے دِوالی کی مٹھائی کے کھلونے ٹوٹنے لگے۔ کڑم کڑم کڑم۔ ملیح آباد لکھنؤ کے درمیان فاصلہ ہی کیا ہے۔ لے دے کے صرف تیرہ میل۔ ہماری گاڑی کھڑی ہوئی گاڑیوں کے درمیان سے گھڑم گھڑم، شائیں شائیں کرتی لائن بدلنے والی پٹریوں کی چُوں چُوں چپاک، کھچ کھچ کھچاک اور کٹ کٹ کٹاک کاٹتی تیس منٹ کے اندر ہی پہنچ گئی۔

لکھنؤ اسٹیشن کا حال کیا بتائیں۔ ہر طرف گہما گہمی، دھکا پیل، چیخ پکار، ریل پیل، شائیں شائیں، دھڑام دھڑام، ڈھوم ڈھوم ڈھائیں۔ پھر اس پر دوڑتے ٹھیلوں کی گھڑگھڑاہٹیں، قلیوں کے قلی قلی کے نعرے اور خوانچے والوں کا شور وغوغا۔ ٹکٹ چیکروں، پولیس والوں اور ریلوے افسروں، بوجھ اٹھائے قلیوں اور بچوں کو کاندھے پر بیٹھائے مسافروں کے درمیان، دھکم دھکا، سیٹیوں کی آوازیں اور دھوئیں کے لچھے۔

میں ابھی اس بھیڑ بھاڑ میں گھرا کھڑا تھا کہ مشیر احمد خان نے دوڑ کر میری انگلی پکڑ لی اور ہمارا قافلہ باہر جانے کے واسطے رینگنے لگا۔

ہم باہر آئے اور گھوڑا گاڑیوں میں روانہ ہوگیے۔

سفر نامۂ اِقبال

مخدوم ومکرّم مولوی صاحب۔

السّلام علیکم!

آپ سے رخصت ہو کر اسلامی شان وشوکت کے اُس قبرستان میں پہنچا جس کو دہلی کہتے ہیں۔ ریلوے اسٹیشن پر خواجہ حَسن نظامی اور شیخ نذر محمد صاحب اسسٹنٹ انسپکٹر مدارس موجود تھے۔ تھوڑی دیر شیخ صاحب موصُوف کے مکان پر قیام کیا اور بعد ازاں حضرت محبوبِ الٰہیؒ کے مزار پر حاضر ہوا اور تمام دِن وہیں بسر کیا۔

اللہ اللہ! حضرت محبوب الٰہیؒ کا مزار بھی عجیب جگہ ہے۔ بس یہ سمجھ لیجیے کہ دہلی کی پرانی سوسائٹی حضرت کے قدموں میں مدفون ہے۔ خواجہ حَسن نظامی کیسے خوش قسمت ہیں کہ ایسی خاموش اور عبرت انگیز جگہ میں قیام کرتے ہیں۔ شام کے قریب ہم اس قبرستان سے رخصت ہونے کو تھے کہ میر نیرنگ نے خواجہ صاحب سے کہا کہ ذرا غالبؔ مرحوم کے مزار کی بھی زیارت ہو جائے۔ خواجہ صاحب موصوف ہم کو قبرستان کے ایک ویران سے گوشے میں لے گئے جہاں وہ گنجِ معانی مدفون ہے جس پر دہلی کی خاک ہمیشہ ناز کرے گی۔ حُسنِ اتّفاق سے اُس وقت ہمارے ساتھ ایک خوش آواز لڑکا ولایت نام تھا۔ اس ظالم نے مرزا کے مزار کے قریب بیٹھ کر ''دِل سے تِری نگاہ جگر تک اُتر گئی'' کچھ ایسی خوش الحانی سے گائی کہ طبیعتیں متاثر ہوگئیں۔ مجُھ سے ضبط نہ ہو سکا۔ آنکھیں پُرنم ہوگئیں اور بے اختیار لوحِ مزار کو بوسہ دے کر اس حسرت کدہ سے رخصت ہوا۔ یہ سماں اب تک ذہن میں ہے اور

جب کبھی یاد آتا ہے تو دل تڑپا جاتا ہے۔ دہلی کی عبرت ناک سرزمین سے ایک ایسا اخلاقی اثر لے کر رخصت ہوا جو صفحۂ دِل سے کبھی نہ مٹے گا۔

۳ر ستمبر کو صبح کو میر نیرنگؔ اور شیخ محمد اکرام اور باقی دوستوں سے دہلی میں رخصت ہو کر بمبئی کو روانہ ہوا۔ بمبئی (خدا اسے آباد رکھے) عجیب شہر ہے۔ بازار کشادہ، ہر طرف پختہ سر بہ فلک عمارتیں ہیں کہ دیکھنے والے کی نگاہ اُن سے خیرہ ہوتی ہے۔ بازاروں میں گاڑیوں کی آمدورفت اس قدر ہے کہ پیدل چلنا محال ہو جاتا ہے۔ یہاں ہر چیز مل سکتی ہے۔ ہاں البتہ ایک چیز ایسی ہے جو اس شہر میں نہیں مل سکتی یعنی فراغت۔

میں بمبئی یعنی بابِ لندن کی کیفیت دیکھ کر حیران ہوں۔ خدا جانے لندن کیا ہو گا جس کا دروازہ ایسا عظیم الشّان ہے۔ ۷ر ستمبر کو دو بجے ہم وکٹوریہ ڈاک پر پہنچے جہاں مختلف کمپنیوں کے جہاز کھڑے ہیں۔ کوئی تین بجے جہاز نے حرکت کی اور ہم اپنے دوستوں کو سلام کہتے اور رومال ہلاتے ہوئے سمندر پر چلے گئے۔

آج ۱۲ر ستمبر کی صبح ہے۔ میں بہت سویرے اٹھا ہوں۔ جہاز کے چند جاروب کش ابھی تختے صاف کر رہے ہیں۔ چراغوں کی روشنی دھیمی پڑ گئی ہے۔ آفتاب چشمۂ آب میں سے اُٹھتا ہوا معلوم ہوتا ہے۔ طلوعِ آفتاب کا نظارہ ایک دردمند دل کے لیے تلاوت کا حکم رکھتا ہے۔

اب ساحل قریب آتا جاتا ہے اور چند گھنٹوں میں ہمارا جہاز عدن پہنچ جائے گا۔ ساحل عرب کے تصوّر نے جو ذوق و شوق اس وقت دل میں پیدا کر دیا ہے اس کی داستان کیا عرض کروں۔ بس دل یہی چاہتا ہے کہ زیارت سے اپنی آنکھیں منوّر کروں۔

اللہ رے خاکِ پاک مدینہ کی آبرو
خورشید بھی گیا تو اُدھر سر کے بَل گیا

اے عرب کی مقدّس سرزمین! تجھ کو مبارک ہو۔ تو ایک پتّھر تھی جس کو دنیا کے معماروں نے رد کر دیا تھا مگر ایک یتیم بچے نے خدا جانے تجھ پر کیا افسوں پڑھ دیا کہ

موجودہ دنیا کی تہذیب و تمدّن کی بنیاد تجھ پر رکھی گئی۔ آہ !اے پاک سرزمین ! تیرے ریگستانوں نے ہزاروں مقدّس نقشِ قدم دیکھے ہیں اور تیری کھجوروں کے سائے نے ہزاروں ولیوں اور سلیمانوں کو تمازتِ آفتاب سے محفوظ رکھا ہے۔ کاش میرے بدکردار، جسم کی خاک تیرے ریت کے ذرّوں میں مل کر تیرے بیابانوں میں اڑتی پھرے اور یہی آوارگی میری زندگی کے تاریک دِنوں کا کفّارہ ہو ! کاش میں تیرے صحراؤں میں لُٹ جاؤں اور دنیا کے تمام سامانوں سے آزاد ہو کر تیری تیز دھوپ میں جلتا ہوا اور پاؤں کے آبلوں کی پروانہ کرتا ہوا اس پاک سرزمین میں جا پہنچوں جہاں کی گلیوں میں اذانِ بلال کی عاشقانہ آواز گونجتی تھی۔

ہندوستان جنت نشان

صالحہ عابد حسین

کلام پاک میں سفر و سیاحت کی تاکید بار بار آئی ہے۔ اسلام نے سیاحت کو بہت زیادہ اہمیت دی ہے۔" علم حاصل کرو چاہے اس کے لیے چین جانا پڑے۔" یہ مشہور حدیث بھی سیاحت کی تعلیم دیتی ہے۔

لیکن جب میں یہ کچھ نہیں جانتی تھی تب سے سیر و سیاحت کی شوقین تھی۔ کیسے اور کب یہ شوق پیدا ہوا خدا جانے۔ میرا بچپن جس ماحول میں گزرا وہاں سفر و سیاحت کا عورتوں کے ذہن میں خیال بھی پیدا نہ ہوسکتا تھا یہ اور بات ہے کہ شوہر، باپ یا بیٹے کی نوکری کے سلسلے میں پانی پت سے قریب اور دور کے شہروں میں عورتیں اور لڑکیاں آیا جایا کرتی تھیں۔ میری والدہ بھی اس سلسلے میں میرٹھ، دِلّی، لکھنو، حیدر آباد وغیرہ جاتی آتی رہتی تھیں. مگر یہ میری پیدائش سے پہلے کی بات ہے۔

شادی کے بعد میں نے اپنے شوہر سے ایک ہی فرمائش کی تھی کہ مجھے سیاحت کا بہت شوق ہے۔ اور انھوں نے وعدہ کیا تھا کہ ہم دونوں انشاء اللہ ہندوستان دیکھیں گے بلکہ باہر کے ملکوں کی بھی سیاحت کریں گے۔ گذشتہ اڑتیس چالیس سال کے عرصے میں میں نے ہندوستان اور ہندوستان سے باہر جتنی سیاحت کی وہ میرے طبقے اور میری حیثیت کی عورتوں کے نصیب میں بہت کم آتی ہے۔

میری صحت کی کمزوری کی وجہ سے عابد صاحب گرمی میں دِلّی سے باہر کسی پہاڑی

مقام پر جانے کا پروگرام بنایا کرتے تھے۔ زمانہ سستا تھا۔ کرائے کم تھے۔ پہاڑ پر ٹھہرنے کا انتظام کسی دوست کی وساطت سے مفت یا بہت کم پیسوں میں ہوجاتا تھا۔ وہاں جاکر ہم دونوں لکھنے کا کام بھی کرتے تھے اور سیر بھی۔ اِسی طرح میں نے ہندوستان کے پہاڑی مقامات دیکھے۔ شملہ، نینی تال اور رانی کھیت کی بھی سیر کی۔ مہابلیشور تین دن جاکر رہے۔ یہ بڑا ہی سرسبز پرفضا اور دل کش مقام ہے۔ لیکن سب سے زیادہ سیر میں نے کشمیر کی کی ہے۔ سری نگر اور آس پاس کے علاقے تو چھان ہی ڈالے۔ اس کے علاوہ پالم پور، سون مرگ، یوس مرگ، مانس بن جھیل جس کے چاروں طرف کنول کے پھولوں کے تختے اسے عجیب حسن بخشتے ہیں۔ اچھابل، کگرناگ، اننت ناگ کے آب حیات کے سے چشمے دیکھے۔ ان کا ٹھنڈا میٹھا پانی پیا۔ اور ان کے حسن سے آنکھوں کو تراوٹ بخشی۔

وائل کا جھولتا پل خود ایک عجیب چیز ہے اور پھر دریا کا حسن اور اس کے رنگ برنگے پتھر جوہرات کو مات کرتے ہیں۔ اننت ناگ کی جھیل مقدس مانی جاتی ہے۔

جموں کے راستے سری نگر آتے جاتے کئی بار ویری ناگ جھیل کو دیکھا۔ حسب دستور مغلوں نے اس کے گرد بھی ایک وسیع اور حسین باغ بنوا دیا تھا۔ اس جھیل کی گہرائی کی کوئی حد نہیں ہے، اسی سے دریائے جہلم نکلتا ہے۔ ہزاروں برس سے کروڑوں ٹن پانی اس میں بہتا رہتا ہے۔ اور دریائے جہلم میں کبھی پانی کی کمی نہیں ہوتی۔

یوں تو کشمیر کا چپہ چپہ جنت ارضی معلوم ہوتا ہے لیکن مجھے پہلگام سب سے زیادہ پسند ہے۔ اس کی سیر سے کبھی دل نہیں بھرتا۔ پہاڑوں کی شان وشوکت وسرسبزی اور درختوں اور پھولوں کی شادابی، دریائے لدّر کا بے مثال حسن، جس کے شفاف پانی نے اس چھوٹی سی وادی کو سچ مچ وادی مینو اساس بنا دیا ہے۔ پہلگام سے اوپر اونچی پہاڑیوں پر جائیے تو اور شاندار اور خوبصورت مناظر ملتے ہیں۔ آڑو اور چندن واڑی کی بلندیوں پر تو ہم سب گئے ہیں اور راستے میں تڑپتا ہوا چشموں کا سیماب اور بہتی ہوئی چاندنی کی سی آبشاریں اونچی اونچی برف پوش چوٹیاں اور گہری سرسبز وادیاں ایک طرف نظروں کو اسیر کرلیتی ہیں

تو دوسری طرف گھوڑوں کے پھسل جانے کے ڈر سے خوف بھی معلوم ہوتا ہے۔ چندن واڑی پہنچ کر دور تک چشمے پر جمی ہوئی برف سڑک کے مانند دیکھی۔اس پر چلے برف توڑ کر کھائی اور سردی سے جم جم سے گئے۔

گل مرگ کئی بار گئے۔زمردیں پیالے کی سی نوہزار فیٹ کی بلندی پر یہ وادی حسن و شادابی کا بڑا ہی دلکش منظر پیش کرتی ہے۔ اس سے تین میل نیچے ننگ مرگ کی وادی ہے جس کا چشمہ دریا کے برابر چوڑا ہے اور ایسے ایسے رنگ اور منظر دکھاتا ہے کہ ''سبحان تیری قدرت'' بے اختیار منہ سے نکلتا ہے۔ دریا، چشمے، سمندر، بہتا پانی میری کمزوری ہے۔ اس کا حسن مجھے مسحور کر دیتا ہے۔گل مرگ سے تین میل پتلی پگڈنڈیوں پر پیدل یا ٹٹو پر سوار ہو کر کھلن مرگ جاتے ہیں یہاں برف جمی ملتی ہے اور ایک طرف دوسری نگر کی وادی اور دوسری طرف ہمالیہ کی سربفلک برف کا تاج پہنے مشہور چوٹیاں نظر آتی ہیں۔ یہاں کی ہوا ہلکی ہے میرا سانس رکتا محسوس ہوتا تھا مگر اس وقت ان باتوں کی پروا کسے تھی۔

پہاڑوں کے علاوہ میدانی علاقوں کی سیر بھی میں نے خوب خوب کی۔ دیہات اور گاؤں نسبتاً کم دیکھے اور شہروں میں زیادہ گئی۔ پونا ایک بار تو چند دن کی سیر کو گئی تھی۔مغربی گھاٹ پر ننھی پہاڑیوں پر بسا یہ شہر آس پاس کا سرسبز علاقہ دیکھنے کے قابل ہے۔بمبئی تو بیسیوں بار گئی ہوں۔شروع میں پورے بمبئی اور آس پاس کی سیریں خوب کیں مگر چند دن سے زیادہ وہاں جی نہ لگتا تھا۔وہاں کا شوروغل میرے برداشت سے باہر تھا۔لیکن بمبئی کا سمندر گیٹ وے آف انڈیا، جوہو، چوپاٹی، میرین ڈرائیو،ہنگنگ گارڈن مجھے بہت پسند ہیں اور سمندر میں ڈوبتے اور طلوع ہوتے ہوئے سورج کا نظارہ اور شام کی کرنوں سے چمکتے مچھیروں کی کشتیوں کے بادبان میری نظروں کو باندھ لیتے تھے۔جوہو پر سمندر کا جوار بھاٹا، تاڑ کے درختوں میں سے جھانکنا، پورا چاند اور سمندر پر جوار بھاٹے کا نظارہ یہ سب میری دلچسپی کی چیزیں تھیں اور ہیں۔

بھوپال عابد صاحب کا وطن ثانی تھا۔وہاں تین بار گئی اور صرف بھوپال ہی کی نہیں

آس پاس کی سیر بھی کی۔ بھوپال سے واپسی پر آگرے کی سیر بھی کی، تاج کو دن میں بھی دیکھا اور چاندنی رات میں بھی۔ پہلی بار تاج کو دیکھ کر جو اثر ہوتا ہے، جس طرح انسان مسحور ہو جاتا ہے محبت اور عقیدت کا یہ شاہکار جس طرح دل میں بس جاتا ہے، اسے محسوس کیا جاسکتا ہے بیان نہیں۔ اس پر کندہ کلام پاک کی سورتیں پڑھی ہیں اور ان فنکاروں کو خراجِ عقیدت پیش کیا جنہوں نے یہ کمال دکھایا ہے۔ تاج کی جالیوں کی نفاست اور باریکیوں پر سر دھنا ہے۔ اس کے گنبد اور میناروں، غرض ہر ہر چیز کو دیکھا ہے اور سوچا ہے کہ انسان کی حسن کاری، نفاست اور محنت کا اس سے بڑھ کرشاہ کار شاید کوئی اور نہیں ہو گا۔ یہ عمارت نہیں آرزو مجسم ہوگئی ہے ہندوستان کے مزدوروں اور معماروں نے حسن کا مجسمہ تراشا ہے جس میں اپنے خون جگر اور ماتھے کے پسینے کی گرمی اور سرخی ملا کر اسے جاوداں بنا دیا ہے۔ خدا نے انسان کو حسن شناسی، حسن تراشی، حسن پرستی کی جو لازوال نعمتیں ودیعت کی ہیں ان پر ایمان لانا پڑتا ہے۔

آگرے اور تاج کے ساتھ مجھے اجنتا اور ایلورا کی سیر یاد آگئی۔ ہم نے اورنگ آباد کی تاریخی عمارتوں اور حیرت انگیز چیزوں کی سیر کی۔ بی بی کا روضہ، چھوٹا سا تاج محل کہا جاسکتا ہے۔ اجنتا کے آس پاس کا قدرتی منظر بہت ہی دلکش ہے۔ میں نے یہ بات محسوس کی کہ ہمارے ہندوستانی رشیوں منیوں نے جہاں بھی عبادت گاہیں یا خانقاہیں بنوائیں تو سرسبز اور قدرتی حسن سے مالا مال علاقے چنے ہیں۔ وہ دنیا کی سب لذتیں ترک کر دیتے تھے مگر حسن قدرت سے لطف اندوز ہونے کی صلاحیتیں ان میں غیر معمولی تھیں۔

جس ہندوستانی نے قدیم ہندوستان کے آرٹ کے اِن سچ مچ بے مثال نمونوں کو نہیں دیکھا وہ بہت بڑی دولت سے محروم رہا۔ پتھر میں ترشے اور دیواروں پر نقش صنم تراشی اور مصوری کے یہ شاہکار فن کاروں کی عقیدت اور محبت کو فن میں سمونے کا ایک نادر کارنامہ ہیں جن کی مثال شاید دنیا میں نہ مل سکے گی۔ ایک ایک تصویر زبانِ بے زبانی سے کتنی داستانیں دہراتی ہے۔ فنکاروں کی بے پایاں عقیدت گہرے فنکارانہ شعور اور ان تھک

محنت کے امتزاج ہی سے ایسا آرٹ وجود میں آسکتا ہے جو ہزاروں برس تک باقی رہے۔

حیدر آباد بھی ان مقامات میں سے ہے جن کو دیکھنے کی بچپن سے آرزو تھی۔ ایک گرمی میں ہم نے وہاں جانے کا پروگرام بنایا۔حیدر آباد اور اس کے آس پاس کے سارے علاقے کی خوب سیر کی۔ اتنا ہی نہیں یہاں کی ہر طبقے کی زندگی، تقریبات اور رہن سہن کو دیکھا۔ یہاں کے لوگوں کا خلوص اور ادب نوازی سے متاثر ہوئی۔ عثمانیہ یونیورسٹی کئی بار جا کر دیکھی۔ اس کی قدیم مرکزی عمارت اتنی خوبصورت، شاندار و نفیس ہے کہ بے اختیار منہ سے نکلا کہ علم کا یہ مندر حیدر آباد کی سب سے خوبصورت چیز ہے۔ حیدر آباد کے آس پاس کے سارے ساگر دیکھے۔ گولکنڈہ قلعہ کو خوب گھوم پھر کر دیکھا اور مرعوب ہوئی۔ سالار جنگ میوزیم کی دو بار زیارت کی مگر تشنگی باقی رہی۔ ایک شخص نے ہزاروں نوادرات جن میں سے ہر ایک اپنے رنگ میں لاجواب ہے کس طرح سے جمع کر ڈالے یہ خود ایک حیرتناک چیز ہے۔ وہاں کی مساجد اور امام باڑے بھی دیکھنے کے قابل ہیں۔ نوبت پہاڑ سے سارا شہر نظر آتا ہے۔

پیرس سے لندن تک

مولانا ابوالحسن علی ندوی

پیرس۔ یکم اکتوبر ۱۹۶۳ء

آج پیرس کے قیام کا آخری دن ہے۔کل انشاء اللہ تعالیٰ گیارہ بجے صبح لندن کے لیے روانگی۔گیارہ بجے دن کو جہاز پرواز کرتا ہے۔ بتاتے ہیں کہ پچاس منٹ میں لندن پہنچ جاتا ہے۔

کل کا آدھا دن ضروری انتظامات سفر میں گزرا۔ پہلے ایئر فرانس Air France کے دفتر جاکر لندن کے لیے نشستیں محفوظ کرائیں، پھر لندن دوستوں کو تار کیا اور لوگوں کے نام خطوط پوسٹ کیے۔ان سب کاموں کی تکمیل میں آدھا دن گزر گیا۔

پیرس اگرچہ شہر بہت بڑا ہے۔پچاس لاکھ کی آبادی کا وسیع و باعظمت وقدیم شہر لیکن زیرِ زمین ٹرین نے منزلِ مقصود پر پہنچنا بہت آسان کر دیا ہے۔ پورے شہر میں ریلوے لائن کا جال بچھا ہوا ہے۔تھوڑے تھوڑے فاصلہ پر اندر جانے والے زینے بنے ہوئے ہیں جن سے اتر کر Under Ground اسٹیشن آتا ہے۔ ہر شخص چلتے چلتے قریب تر اسٹیشن سے سفر کرسکتا ہے۔جس طرح ہمارے شہروں میں ایک جگہ سے دوسری جگہ تانگے اور رکشے استعمال ہوتے ہیں۔اسی طرح یہاں زمین دوز ٹرینیں ہیں، اسٹیشن بہت قریب قریب ہیں تاکہ ہر شخص اپنی جگہ پہنچ سکے۔آنے جانے والوں کی بڑی تعداد انہی زمین دوز ٹرینوں سے ایک جگہ سے دوسری جگہ آتی جاتی ہے۔اس لیے بالائے زمین جو شدید ٹریفک

ہے وہ لوگوں کی نقل و حرکت میں مانع نہیں۔ اسٹیشن نہایت خوبصورت، صاف ستھرے ہیں۔ ہوائی اڈے پر بھی دیکھا اور بعض اسٹیشنوں پر بھی کہ زینہ پر پاؤں رکھ دینا کافی ہوتا ہے۔ زینہ گراری یا ریل کی طرح لپٹتا چلا جاتا ہے اور کھلتا جاتا ہے اور آدمی چڑھتا یا اترتا جاتا ہے۔ اسٹیشن پر اگر کسی کو یہ معلوم کرنا ہو کہ کس راستے سے جانا چاہیے یا کون سی ٹرین اختیار کرنی چاہیے تو ناموں کی فہرست میں اپنے اسٹیشن کے نام پر انگلی رکھ دے۔ نقشے میں پوری لائن کے بلب روشن ہو جائیں گے اور معلوم ہو جائے گا کہ یہ لائن یوں گئی ہے اور ٹرین فلاں فلاں جگہ تبدیل کرنی ہے۔ کہیں کہیں اسٹیشنوں پر خود کار لفٹ ہیں جو خود ہی چڑھاتے اتارتے رہتے ہیں، وہاں کوئی آدمی مقرر نہیں۔

کل ہی شام کو ہم نے فرانس کا قدیم قصرشاہی اور مشہور باغ، ورسائے VERSILE دیکھا اور اس کے لیے ایک لوکل ٹرین پر سفر کیا۔ ورسائے تقریباً یہاں سے بارہ، پندرہ میل ہوگا۔ قصر کا عجائب خانہ تو بند ہو گیا تھا لیکن باغ دیکھا، حقیقتاً عظیم الشان باغ ہے اور وہی ترتیب ہے جو لاہور اور سری نگر کے شالیمار باغ میں ہم نے دیکھی تھی۔ باغ کے نیچے کے طبقے میں ایک حوض ہے جو مستطیل نما ہے اور غالباً ایک میل طویل ہوگا۔ اس سے باغ کی رونق و منظر میں بڑا اضافہ ہوا ہے۔

آج یکم اکتوبر کا دن بعض اہم چیزوں کے دیکھنے میں گزرا۔ پہلے France College دیکھا۔ یہ ادارہ یونیورسٹی کا ہم پلہ سمجھا جاتا ہے۔ اس کی خصوصیت یہ ہے کہ اس میں نہ کوئی فیس ہے نہ امتحان نہ کوئی سند دی جاتی ہے۔ جس کا جی چاہے تعلیم میں شریک ہو جائے۔ تعلیم کا معیار بھی یونیورسٹی کے برابر ہے۔ اس کے بعد پیرس یونیورسٹی دیکھی۔ یہ عام طور پر سربون SORBONNE یونیورسٹی کہلاتی ہے۔ کیمبرج، آکسفورڈ، سربون سب کا سرچشمہ کوئی کلیسا یا خانقاہ ہے۔ ہمارے یہاں بھی الازہر، جامع القزوین، جامع الزیتونیہ اس کی مثالیں ہیں۔ اس سے اندازہ ہوتا ہے کہ ہر مذہب نے علم کی کیسی سرپرستی کی ہے۔ سربون یونیورسٹی میں اس وقت بیاسی ہزار سے زائد طالب علم زیرِ تعلیم ہیں۔ ہم

یونیورسٹی کے اندر گئے، آج کل تعطیل گرما ہے۔ طلبہ کے داخلے ہورہے ہیں۔ میڈکل کالج ہمارے قریب ہی ہے۔ میڈیکل کالج میں چوبیس ہزار طالب علم ہیں۔ تین بڑی وسیع عمارتیں ہیں۔ یہاں بحری عجائب خانہ اور ایک انسانی عجائب خانہ ہے جس میں ہر ملک کے انسان کی معاشرت، رسوم، لباس، طریق عبادت کو دکھایا گیا ہے۔ اس کے بعد دنیا کا سب سے بلند مینارہ، ایفل ٹاور Eiffel Tower دیکھا جو ۹۸۶ فٹ بلند ہے۔ یعنی اگر زمین پر بچھا دیا جائے تو دو فرلانگ جگہ گھیرے۔ اس پر لفٹ کے ذریعے جاتے ہیں۔ اوپر ریستوران بھی بنے ہوئے ہیں کہ آدمی ناشتہ کر سکے۔

ایفل ٹاور دیکھنے کے بعد ہم نے BIBLIOTHEQUE NATIONALE یعنی قومی کتب خانہ دیکھا۔ اس میں ستّر لاکھ منتخب کتابیں ہیں۔ چار ہزار رسالے جاری ہیں۔ کہتے ہیں کہ روزانہ ایک ویگن کتابیں آتی ہیں۔ مطالعہ کرنے والوں اور مطالعہ کی جگہوں کو دیکھا۔ اندر جانے اور کتاب دیکھنے کے لیے ہر کسی کو اجازت حاصل کرنے کی ضرورت ہوتی ہے۔ شہر میں ایک اور کتب خانہ بھی ہے جس میں فرانسیسی زبان کی چھپی ہوئی ہر کتاب موجود ہے۔ اس میں ساٹھ لاکھ کتابیں ہیں۔ واپسی میں مدرسہ السنہ شرقیہ School of Oriental Languages پر نظر ڈالتے ہوئے اپنی قیام گاہ کو واپس ہوئے اور حسب معمول دوپہر کا کھانا سیلف سروس Self Service ہوٹل میں کھایا۔ یہاں خود ہی چیزوں کو انتخاب کر کے خود ہی کشتی پر رکھ کر کسی میز پر جانا پڑتا ہے۔

فرانسیسی قوم زبان کی شائستگی اور خوش اخلاقی یا تکلّفات میں مشرق بلکہ اودھ کی تہذیب سے قریب تر ہے۔ فرانسیسی جلد مانوس و بے تکلف ہو جانے والے ہیں۔ کہتے ہیں کہ یورپ میں عورت کو مقام و احترام حاصل ہے اس کا طلسم بھی خوب ٹوٹا۔ دکاندار وہ ہے، قلی وہ ہے، ادنیٰ 'ادنیٰ' اسامیوں پر معمور، ریل، میٹرو، بسوں سب جگہ دھکّے کھاتی پھرتی ہے بے چاری!

مغرب کی نماز طے شدہ نظام کے مطابق پیرس کی اس ''جامع مسجد'' میں پڑھی جو

حکومت فرانس نے تعمیر کی ہے۔ مسجد نہایت خوبصورت اور منقّش ہے، مراکشی طرزِ تعمیر پر بنی ہے۔ نماز مغرب سے فارغ ہو کر حسن ترابی کے ساتھ ان کے ایک عرب دوست کے مکان پر گیے جہاں عرب طلبہ کا ایک اجتماع طے تھا۔

لندن ۲ر اکتوبر ۱۹۶۳ء

ٹھیک گیارہ بجے ہوائی جہاز لندن کے لیے روانہ ہوا، سخت کہرا تھا۔ بار بار احتیاطی ہدایات دی جارہی تھیں۔ ٹھیک پینتالیس منٹ میں لندن آگیا۔ بچپن سے جس شہر کا عظمت و حیرت سے نام سنتے تھے بالآخر وہاں پہنچ گئے۔ اسی اثناء میں مولوی عبداللہ صاحب پہنچے۔ ان کو دیکھ کر آدھی مسافرت جاتی رہی۔ کچھ ٹھہر کر مولوی صاحب کی قیام گاہ پر گیے، جگہ پسند آئی۔

لندن انشاء اللہ دو ہفتے قیام کا ارادہ ہے۔ اسی اثناء میں یہاں کے کتب خانوں سے بھی فائدہ اٹھایا جائے گا اور آکسفورڈ، کیمبرج وغیرہ کی شہرہ آفاق تعلیم گاہیں بھی دیکھی جائیں گی۔

یہاں لندن کا قیام سب سے زیادہ پر راحت، مفید اور دلچسپ ثابت ہوا۔ فرنیچر، ٹیلی فون، انگیٹھی، گیس، ہر چیز کا آرام ہے۔ کسی وقت یہ احساس ہوتا ہے کہ ہم لندن میں ہیں ورنہ معلوم ہوتا ہے کہ بمبئی یا رنگون میں ہیں۔ ہندوستانی، پاکستانی کثرت سے ہیں۔ ایک لاکھ تعداد بتائی جاتی ہے۔ ہندوستانیوں، پاکستانیوں میں یہاں بڑی محبت و تواضع ہے۔ خصوصاً جو طلبہ لندن یونیورسٹی اور کالجوں میں تعلیم پارہے ہیں یا کچھ کام کرتے ہیں ان میں تو ایسی تواضع، سادگی، خلوص اور طلب پائی جاتی ہے جس کا وہاں سے تصوّر نہیں ہوسکتا تھا۔ کل یہ لوگ اپنے یہاں 'لندن ہاؤس' میں لے گیے تھے۔ ڈھائی تین سو آدمیوں کے رہنے کی عظیم عمارت ہے۔ ہر کمرے میں ٹیلیفون ہے اور دوسرا سامانِ آسائش۔

لندن دیکھا، بعض مشہور چیزوں کو دیکھ کر حیرت و مایوسی ہوئی، بعض کو دیکھ کر

متاثر ہوئے۔ قصرِ بکنگھم بہت معمولی معلوم ہوا۔ لکھنؤ کا گورنمنٹ ہاؤس کہیں زیادہ شاندار ہے۔ ڈاؤننگ اسٹریٹ جو وزیراعظم کا دائمی محل اور دفتر اور گویا برطانیہ کا دارالحکومت ہے، باہر سے بڑا حقیر و معمولی، لکھنؤ کے ڈپٹی کمشنر کی کوٹھی کہیں زیادہ شاندار اور وسیع۔ اندر سے سنا ہے کہ کروڑوں روپے حال میں اس کی مرمّت اور آرائش میں صرف ہوئے ہیں۔

میوزیم بڑے شاندار، معمور اور مفید پائے۔ نیچرل ہسٹری میوزیم ،سائنس میوزیم ،البرٹ میوزیم اور ویسٹ منسٹر ایبے کا گرجا دیکھا جو تاج پوشی کی جگہ اور مشاہیر کا مدفن ہے۔ یہ میوزیم قابل دید ہیں اور ان کے لیے سفر جائز - البرٹ میوزیم کا اسلامک سیکشن بھی خوب ہے اور خوب نوادر دیکھے۔ ع

جو دیکھیں ان کو یورپ میں تو دل ہوتا ہے سیپارہ

سائنس میوزیم میں تمام جدید آلات کی تدریجی ترقی (موٹر، ریل گاڑی، بحری جہاز، گھڑی وغیرہ) کو خوب دکھایا ہے۔ ہائڈ پارک کا تماشا بھی دیکھا۔

جمعہ ۱۱/ اکتوبر کو لندن یونیورسٹی میں ہماری تقریر رکھی گئی ہے۔ ہم نے عربی میں مضمون تیار کیا ہے۔ انگریزی میں پہلے سے ترجمہ تیار ہوگا جو یہاں کا ایک انگریز پڑھے گا۔ آب و ہوا بہت عمدہ ہے۔ بھوک خوب لگتی ہے۔ سردی ہمارے یہاں کے دسمبر کی سی ہے۔

میرا ایران کا سفر

ڈاکٹر تاراچند

سویرے پو پھٹنے سے پہلے ہوائی اڈے پر پہنچا۔ دوست، احباب، عزیز، رشتہ دار ملنے اور خدا حافظ کہنے کے لیے آئے ہوئے تھے۔ باتیں کرتے، رخصت لیتے، ہاتھ ہلاتے، وقت گزر گیا اور بلند گو نے اِطلاع دی کہ جہاز تیار ہے۔ مسافروں کو سوار ہونا چاہیے۔ اڈے سے باہر نکلے۔ پھاٹک کھلا اور ملاقاتی اور مسافر کائی کی طرح پھٹ گئے۔ ایک دو بار مڑ کر دیکھا۔ اتنے میں صندلی جو ہوائی جہاز اور ہوائی اڈے کے درمیان پل کا کام کرتی ہے، آگئی۔ ایک لمحہ میں اس بناوٹی پرندے کی عجیب و غریب کوکھ میں سب مسافر سما گئے۔ کمر سے پٹی لپیٹی تھی کہ جہاز نے زور زور سے سانس لینا شروع کیا اور پر پھڑ پھڑانے لگا۔ ایک فاتحانہ انداز سے ایک مرغ کی طرح سر اٹھائے سینہ اُبھارے اِس ہوائی پرندے نے آہستہ آہستہ حرکت کی۔ گویا کہہ رہا تھا کہ چند لمحوں کی مہلت ہے، اِن کھڑکیوں سے جنھیں دیکھنا ہے دیکھ لو، پھر تو میں ہوں، تم ہو، آسمان اور زمین کا بیچ اور دو سو میل فی گھنٹہ کی پرواز۔

جہاز اڈّے کی کالی سڑک کے سرے پر پہنچ کر چند منٹوں کے لیے رُکا پھر اپنے پھیپھڑوں اور پروں کا امتحان لے کر تیزی کے ساتھ دوڑا اور دُم اُٹھا کر زمین کو خیر آباد کہتا ہُوا ہَوا میں تیرنے لگا۔ معلوم ہوا کہ زمین بڑی گھبراہٹ کے ساتھ بھاگ رہی ہے۔ گویا پریشان ہے کہ یہ پرندہ اسے جلد چھوڑنے والا ہے۔ معلوم نہیں کہاں چلا جائے، اگر اُسے

اپنے گھر سے محبت نہیں نہ سہی، زمین تو اُسے چھاتی سے لگائے رکھنا چاہتی ہے۔

بدن تو رات کی جگار اور صبح کی دھک دھکاہٹ سے چور تھے ہی۔ سِوائے اِس کے کہ کرسیوں میں لتھر پتھر ڈھیلے ڈھالے چپ چاپ پڑے رہیں اور ہو ہی کیا سکتا تھا۔ کچھ وقت اِس نیم نشیلی حالت میں گذرا۔ پھر آہستہ آہستہ دماغ نے کروٹ لینی شروع کی اور خیالوں کا جمگھٹا بڑھنے لگا۔ تصوّرات کے غول کے غول جمع ہو گئے۔ ایران اِن کا مرکز تھا۔ اِدھر تاریخ کی لمبی پرانی کہانیوں کا ہجوم تھا تو ادب اور فنِ شعر و سخن، فلسفہ اور تہذیب کی یادوں کا انبوہ۔

اس کشمکش میں جے پور آیا، جودھ پور گزرا اور جہاز کراچی پہنچ گیا۔ اپنے اور پرائے دوست اور اجنبی ملے۔ دیر تک کچھ ان کی سنی کچھ اپنی کہی۔ مذاق، چہل پہل میں آدھی رات گزر گئی۔ تڑکے چار بجے سے پہلے سفر کی تیاری ہونے لگی۔ اور سویرے چھ بجے ایرانی ہوائی جہاز کراچی سے روانہ ہو گیا۔ تین گھنٹے میں بلوچستان طے کیا اور ایران کے سرحدی شہر زاہدان پر جا ٹھہرا۔

زاہدان کا پرانا نام دزد آب تھا۔ کہتے ہیں ایک مرتبہ رضاشاہ یہاں سرحد کا معائنہ کرنے آئے۔ اُس زمانے میں یہاں سکھوں کی بڑی بستی تھی۔ اب بھی کافی تعداد میں سِکھ بھائی یہاں رہتے ہیں۔ یہ سویرے ہر روز گردوارہ جاتے اور سیوا پاٹھ کرتے تھے۔ اس نظارے نے رضاشاہ کے دل پر گہرا اثر کیا اور اس نے کہا یہ تو زاہدوں کی بستی ہے اس کا نام زاہدان ہونا چاہیے۔ اُس روز سے نام بدل گیا۔ پَر پوچھیے تو فطرتی حیثیت سے صحیح نام دزد آب ہی ہے کیونکہ قدرت کے ڈاکو نے اِس وحشت ناک ریگستانی سناٹے سے پانی اِس طرح مفقود کر دیا ہے جیسے کوئی زبردست چور کسی پونجی والے گھر سے سونے چاندی کو اڑا دے۔ جس جگہ جہاز اترا ایک ریتیلا میدان ہے۔ آس پاس نہ جھونپڑا ہے نہ مکان ہے، نہ بستی۔ دسمبر کا کڑ کڑاتا جاڑا، نگاہ کی حدوں تک ریگ زار اور دل کو ٹھٹھرانے والے سرد ہوا کے جھونکے۔

کراچی سے زاہدان تک ایک ریتیلا سمندر ہے جس میں ریت کی لہریں موجیں مارتی ہیں۔ دھندلی، مٹیالی اور کلونجی رنگ کی بالو کی ایک کھال ہے جس نے ناہموار سلوٹوں سے بھرے میلے کچیلے کپڑے کی طرح زمین کو ڈھانپ رکھا ہے۔ جہاں تک نِگاہ جاتی ہے ہُو کا عالم ہے۔ نہ کہیں پیڑ پودا دِکھائی دیتا ہے نہ کھیتی، پانی یا ہریالی کا نام و نِشان ہے۔ جہاز پہاڑیوں پر سے گزرتا ہے جو ایسی نظر آتی ہے جیسے کسی عفریت کے نکیلے دانت ہوں جو اس کے ڈراونے منہ کے وسیع غار کے کھلے رہ جانے کی وجہ سے کھانے کو نکل آئے ہوں۔ اِنھیں پہاڑیوں میں کوہِ تفتان کا سلسلہ ہے جس کی اونچی اونچی چوٹیوں پر گندھک کا دھواں سانپ کی طرح لوٹتا ہے اور کبھی کبھی ہوا کے جھونکوں کے زور سے جہاز کی طرف لپکتا نظر آتا ہے۔

ایک طرف سے کالی آندھیوں کے تھپیڑے ریت کے بگولوں کو توپ کے گولوں کی طرح پھینکتے تھے۔ دوسری طرف ریت اور مٹی کی دیواریں بنتی اور بگڑتی تھیں معلوم ہوتا تھا طوفان کو روکنے کے لیے صفیں تیار ہوتی ہیں ،ہٹتی ہیں، مِٹتی ہیں اور پھر مقابلے کے لیے ڈٹ جاتی ہیں۔ کبھی کبھی سائیں سائیں کی آواز جہاز کے انجن اور پروں کی گھڑگھڑاہٹ کے اُوپر سنائی دیتی تھی۔

لوط کی شور جھیل کا منظر بھی عجیب وغریب تھا۔ بائیں ہاتھ کی پہاڑیوں کا سلسلہ ہمارا ساتھ دے رہا تھا جس کی اونچائی سطح سمندر سے پانچ اور دس ہزار فٹ تک پہنچتی ہے۔ داہنی طرف زبردست بیضوی تسلے کی شکل کی جھیل ہے جس کے کنارے جنوب کی پہاڑیوں تک جاتے ہیں لیکن اُتّر اور پچھم کی طرف اُفق تک پھیلے ہیں۔ کناروں پر دور دور تک نمک کی پٹریاں جمی ہیں۔ لیکن کہیں کہیں پٹریوں کے تھتلے پھیل کر اٹھ گئے ہیں اور ایک دوسرے کے ساتھ گل آویز ہو گئے ہیں۔

مہر آباد کے آسمان کے تلے دور فاصلے پر ایک گنجان شہر نظر آیا جو ایک چوڑے میدان میں بسا ہوا ہے۔ اس کے چاروں طرف پہاڑیاں ہیں۔ ایک پہاڑی سے کرج کی

ندی کودتی پھاندتی، بل پیچ کھاتی، پتھریلی چٹانوں سے الجھتی، ناچتی گاتی آنکھوں سے اوجھل ہو جاتی ہے۔ چوڑے سلیٹی رنگ کے فیتے بچھے ہیں۔ درختوں کے ننگے ستون نما ٹھنے جن کی شاخیں پتوں سے بالکل خالی ہیں دونوں طرف پہرہ دے رہے ہیں۔ فیتوں کے پیچ اونچے اونچے مکانوں کے تھوک کے تھوک ہیں۔ ان کی چورس چھتیں ایک دوسرے سے جڑی ہوئی ہیں۔ کہیں میدان میں یا چار دیواروں میں سبزہ نظر آتا ہے۔ کیاریاں دکھائی دیتی ہیں۔ کاج کے درخت ہیں جن کی ہری ہری سوئیوں کے گچھے آسمان کو انگلی دکھانے والی اونچی ٹہنیوں سے لٹکتے ہیں۔ میلوں دور کے فاصلے پر پہاڑیوں کی وادیوں میں ہریالی کے دھبّے دکھائی دیتے ہیں جیسے کسی نے ہرا رنگ چھڑک دیا ہو۔ گھاٹیوں کے پیچ جہاں چٹانوں کے جوڑ ہیں، درختوں کے سر جھانکتے ہیں۔ چھپے چھپے چور کی طرح سبزہ آگے بڑھنے کی کوشش کر رہا ہے۔ ممکن ہے برسوں صدیوں گزرنے کے بعد چٹانوں کی عریانی کو ڈھک سکے۔

جہاز منزلِ مقصود پر آپہنچا۔ پھر جیسے جیسے تہران نزدیک آتا تھا دل میں ہیجانی کیفیت بڑھتی جاتی تھی۔ اسی کے ساتھ ذہن کاوشوں کا شکار تھا۔ دل کی بے چینی اور شورش بڑھی یاالٰہی یہ ماجرا کیا ہے۔ کہاں بھٹک پڑے۔ ایران ہے یا افریقہ کا صحرا۔!

ایران کا نام زبان پر آیا اور کیسی کیسی خوش نما تصویریں ذہن کے سامنے سے گزر گئیں۔ کوہسار جن سے جوئبار جاری ہیں، مرغزار جہاں چمن لہلہاتے ہیں۔ گلزار جو سنبل اور ریحان، بنفشہ اور نسترن کے پھولوں سے، بادام اور پستہ کے میوہ دار بوٹوں سے، چنار اور سرو کے درختوں سے سجے ہیں اور جہاں قمری کی کوکو اور بلبل کے نغمے دلوں کو لبھانے والے ہیں۔ شاعروں نے نظموں میں اور نقّاشوں نے تصویروں میں اس کے حسن و جمال کے اوصاف بیان کیے ہیں۔

ایک طرف تو ایران کا یہ تصوّر، جس کی بنا پر حافظؔ کو دعویٰ ہے کہ ”آبِ رکناباد“ کا کنارہ جنت سے بڑھ کر ہے۔ دوسری طرف وہ تاثرات جنھیں سفر میں ذہن نے طوعاً و کرہاً قبول

کیا۔ ظاہر ہے کہ ان خیالی شاعرانہ مناظر کا جو ایک زمانے سے میرے ساتھ تھے اور میرے ذہن کا جز بن چکے تھے، ان منظروں کے ساتھ جنھیں ابھی ابھی آنکھوں نے دیکھا تھا، مقابلہ دماغ کو صدمہ پہنچانے والا اور دل میں ہیجان پیدا کرنے والا تھا۔

سوچ بچار میں پڑ گیا۔ پھر آہستہ آہستہ گتھی سلجھنی شروع ہوئی۔ ایران کا دورہ کیا۔ گیلان اور مازندران کی سیر کی، خراسان دیکھا، آذربائیجان میں گھوما، تہران اور خرّم شہر کے پیچ چکر لگائے۔ غرض ایران کی خیالی تصویر کے اصلی خدوخال ظاہر ہونے لگے۔ غور کیا تو بڑے دلچسپ نتیجوں پر پہنچا۔

اِس میں شبہ نہیں کہ ایران ایک عجیب جاذبیت کا حامل ہے۔ واقعہ یہ ہے کہ حسن و خوبی کی یہاں کوئی کمی نہیں۔ ممکن نہیں کوئی یہاں کچھ روز رہے اور اگر حسّاس دل رکھتا ہے تو اس کا گرویدہ نہ ہو جائے مگر شرط یہ ہے کہ دل میں تلاش ہو۔ انسان سختی جھیلنے اور زحمتیں اٹھانے سے گھبرائے نہیں۔ اِس بُتِ طنّاز کی عشوہ گری مشکل ہے۔

ایرانی عورتیں جس طرح اپنے گلابی چہروں کو اور سرو قد لانبے چھریرے بدنوں کو کالی چادروں سے ڈھانپے رکھتی ہیں، ایران ٹھیک اسی طرح اپنے خوب صورت مناظر کو سرمئی پہاڑوں اور سیاہی مائل ریگستانوں کے پردوں میں چھپائے رکھتا ہے۔ ایک بات اور بھی ہے۔ ہم دنیا کے مختلف خطوں کو ایک ایک نام دے کر اس بناوٹی وحدت کے ذریعے ملکوں کی جغرافیائی کثرت اور کُلّیے کی سفیدی میں جز و کی رنگارنگی کو دبا دینا چاہتے ہیں ورنہ سچ تو یہ ہے ہر ملک ایک مجموعہ ہے انواع و اقسام کا، آب و ہوا کا، طبیعی کیفیتوں کا، جغرافیائی شکلوں کا۔

ایران کا آدھا رقبہ ان پہاڑوں سے مل کر بنا ہے۔ یہی پہاڑی علاقہ ایران کا اصلی میدانِ عمل ہے۔ قبل تاریخی زمانے سے آج تک یعنی تقریباً سات ہزار سال کی طویل مدت میں ایران کے کل تمدنی نشوونما کا۔ تمام تاریخی ہنگاموں اور اجتماعی کارروائیوں کا یہی پہاڑی خطّہ ماویٰ و ملجا ہے۔ انھیں پہاڑوں پر حضرتِ عیسیٰؑ سے پانچ ہزار سال پہلے

ایران کے قدیم باشندوں نے تہذیب کے راستے پر پہلے قدم اٹھائے۔یہیں پر تین ہزار سال بعد آریائی قوموں نے اپنے خیمے لگائے۔

انھیں پہاڑوں کی کوکھ میں وہ قیمتی کانیں ہیں جنھوں نے ہزاروں سال سے ایران کو مالامال کر رکھا ہے۔یہیں بدخشاں کے لعل، نیشاپور کے فیروزے، عمارتوں کے لیے سنگِ سرخ اور نیرو کے رنگ رنگ کے مرمریں پتھر ملتے ہیں۔اور پیتل ،لوہا، چاندی، سونا اورقسم قسم کی دھاتیں دستیاب ہوتی ہیں۔انھیں پہاڑوں کی گود میں وہ سینکڑوں ندیاں کھیلتی ہیں جن کی وادیوں میں ایران کے مشہور گھوڑوں اور مویشیوں کے لیے ہری بھری چراگاہیں ہیں۔ایران کی ضروریات کو پورا کرنے والے لہلہاتے کھیت ہیں اور شاعرانہ امنگوں کی تسکین اور ذوقِ حسن کی طلب کاریوں کے اطمینان کے لیے باغ ہیں جو بہار میں پورے نکھار پر ہوتے ہیں اور انسان کے دل و دماغ کو مست اور دیوانہ بنا دیتے ہیں۔

گردِ سفر

ملک تا سے

۱۹۲۰ء تک پورا مشرقی افریقہ برطانوی تاج شاہی کا غلام بن کر رہ گیا تھا۔لیکن غلامی کا احساس ہی آزادی کی نیو بھی ڈال دیتا ہے۔کینیا ۱۹۶۳ء میں برطانیہ کے قبضے سے آزاد ہوگیا۔کینیا کا سب سے زیادہ خوش نما،گنجان آباد اور سیاسی ، ثقافتی ، اور تجارتی مرکز نیروبی ملک کا دارالحکومت بن گیا۔مشرقی افریقہ کے شہروں میں سکونت پذیر افریقیوں میں انگریزوں کی غلامی کے سبب مغرب زدگی کے گہرے نقوش ملتے ہیں۔لوگ کافی خوش پوش وخوش ذوق مگر آسائش طلب ہوتے ہیں۔ دفتروں میں کام کرنے والوں کے لیے سوٹ پہننا لازمی ہے۔سوائے سنیچر کے اس دن ملبوس میں کوئی تکلّف نہیں برتا جاتا۔عام طور پر پتلون اور قمیص پر اکتفا کیا جاتا ہے۔عورتیں تو روز ہی فراک زیب تن کیے ہوتی ہیں۔

ہر صاحبِ حیثیت افریقی کے پاس شاندار کار ہوتی ہے۔کسی کسی خاندان میں ایک سے زاید کاریں ہوتی ہیں۔ پیسا بے دریغ خرچ کرتے ہیں۔بچت کو ان کے طرزِ رہائش اور اندازِ فکر میں کوئی جگہ نہیں۔ افریقی قبائل میں کِکوی قبیلہ سب پر حاوی ہے۔ان میں تعلیم یافتہ افراد کا تناسب دوسرے قبائل کے مقابلے میں کہیں زیادہ ہے۔ برسرِ اقتدار حکومت میں انھیں لوگوں کی اکثریت ہے اور بیشتر یہی اعلا عہدوں پر فائز ملتے ہیں۔

افریقیوں کی مقبول و مرغوب غذا 'گالی' نام کی ایک کھچڑی ہے جو مکئی، گوشت، گوبھی

اور دیگر سبزیوں کو ملا کر بنائی جاتی ہے۔ چوں کہ گوبھی اس کا لازمی جز ہے اور اس کے روزمرہ استعمال سے پیٹ کے کینسر کے امکانات میں کافی کمی واقع ہوتی ہے اس لیے افریقیوں میں اس قسم کے کینسر کی شکایت بہت کم پائی گئی ہے۔

یہاں کی خادمائیں نہایت تربیت یافتہ ہوتی ہیں۔ بغیر بولے ہر کام باقاعدگی اور چابک دستی کے ساتھ کرتی ہیں۔ صبح آتے ہی لباس تبدیل کر کے باہر کھڑی کار کی اندر اور باہر سے اچھی طرح صفائی کر کے جوتوں کی پالش کرتی ہیں۔ پھر غسل خانے اور فرش کی صفائی میں جٹ جاتی ہیں۔ اس سے فارغ ہو کر دیگر ضروری کاموں کی طرف متوجہ ہوتی ہیں۔ پھر لباس تبدیل کر کے باہر قدم رکھتی ہیں۔ حکومت نے گھریلو خادموں اور خادماؤں کی تنخواہیں بھی مقرر کر رکھی ہیں۔

خادماؤں کے سلسلے میں ایک انوکھا تجربہ یاد آتا ہے جو ہمارے ملک کے لیے سبق آموز ہے۔ ہمارے پاس ایک بہت ہی باصلاحیت ملازمہ تھی۔ کچھ عرصے کے بعد اسے کھانسی کی شکایت ہوئی۔ سٹی کونسل کے اسپتال میں تشخیص تپ دق قرار پائی۔ ایک روز ہمیں سٹی کونسل سے ایک خط دستیاب ہوا جس میں کہا گیا تھا کہ آپ کی ملازمہ کو تپ دق کا عارضہ لاحق ہے اور جب تک ہماری جانب سے اس کی صحت یابی کا مراسلہ نہیں ملتا، اسے کام پر رجوع نہ کریں۔ ہمیں یہ ہدایت بھی کی گئی تھی کہ اپنا ڈاکٹری معائنہ کرائیں۔ ہم نے اس ہدایت پر پوری طرح عمل کیا۔ چند مہینوں بعد وہاں سے خط آیا کہ آپ کی ملازمہ روبہ صحت ہوئی ہے اور آپ اسے کام پر واپس بلا سکتے ہیں۔ یہ سب اس ملک میں پیش آیا جو ہم سے کہیں زیادہ پچھڑا ہوا ہے۔

افریقی قبائل کے کچھ قبائلی مذاہب بھی ہیں مگر ان کی ایک بڑی تعداد نے عیسائیت اور اسلام کو اپنا لیا ہے۔ یہ ان کی نسل سے ہوں گے جنھوں نے عرب اور عیسائی مبلغین کے زیرِ اثر ان دو مذہبوں کو اپنایا ہو گا۔ بہر حال شہر میں بسے بھی قبیلوں کے افراد کی طرزِ معاشرت مغربی انداز کی ہے۔ بعض قبیلوں کے لوگ طبعاً غریب واقع ہوئے ہیں۔

افریقی عموماً ہنس مکھ اور خوش مزاج ہوتے ہیں۔ زور زور سے باتیں کرتے اور قہقہے لگاتے رہتے ہیں۔ ایک بار ایک افریقی کو دیکھا کہ چوراہے پر بیٹھا ہنس ہنس کر اور مزے لے لے کر گا رہا تھا ''ہم کالے ہیں تو کیا ہوا دل والے ہیں۔'' لیکن ان میں تجارتی شعور کا بڑا فقدان ہے۔

نیروبی شہر دو حصوں میں منقسم ہے۔ ایک شہری مرکز اور دوسرا مضافاتی علاقے۔

شہری مرکز ایک صاف ستھرا علاقہ ہے جو دفاتر، دکانوں، رہائشی ہوٹلوں، سینما گھروں وغیرہ پر مشتمل جدید و قدیم عمارتوں کا حسین امتزاج ہے۔ کافی مختصر سا ہے۔ پیادہ پا ایک ڈیڑھ گھنٹے میں پورے علاقے کا گشت لگایا جاسکتا ہے۔ یہاں کی عمارتوں میں ایک جھونپڑی نما کانفرنس ہال اور دوسری اس سے ملحقہ دفاتر کی مینار نما عمارت 'کینیا ٹا سینٹر' کافی انوکھی وضع کی اور نمایاں ہیں۔

بلاشبہ کینیا کے لیے نیروبی انگوٹھی میں نگینے کی طرح خوب صورت، دل کش اور منفرد حیثیت رکھتا ہے اور ہمہ وقت دعوتِ نظارہ دیتا رہتا ہے۔

لندن کو ہم نے دیکھا

سعدیہ دہلوی

نانی امّاں نے ہمارا نام بچپن میں ہی ''پھرندہ'' رکھ دیا تھا۔ گھومنے پھرنے کا شوق شروع سے تھا۔ کئی بار غیر ملکی سفر بھی کر چکے ہیں۔ دسمبر میں ایک بار پھر جوتی پر جوتی چڑھی اور ہم ولایت کے سفر کے لیے روانہ ہو گئے۔ اس بار ہمارے چھوٹے چچا اور چچی بھی ہم سفر تھے۔ لندن ایر پورٹ پر کام کرنے والوں میں ۹۰ فی صدی ہندوستانی اور پاکستانی ہیں۔ چناں چہ کسی کو سلام کیا تو کسی کو نمستے، لیکن جس وقت ایر پورٹ کے باہر آئے اور سر پر برف گری تو یقین ہو گیا کہ لندن کی سر زمین ہے۔

لندن کا سفر کافی خوش گوار رہا۔ کئی دلچسپ لوگوں سے ملاقات ہوئی۔ لندن میں ہمارا قیام قیصر تمکین کے ہاں رہا۔ قیصر صاحب اردو کے اچھے ادیب ہونے کے ساتھ ساتھ انگریزی میں بھی لکھتے ہیں۔ لندن کے مشہور اخبار 'لندن ٹائمز' کے مدیروں میں سے ہیں۔ ایک روز انھوں نے ہمیں اپنے دفتر کی سیر کرائی۔ وہاں کی زمین اتنی چمک رہی تھی کہ ہمیں اس میں اپنا عکس نظر آنے لگا۔ آفس بھی شان دار اور صاف ستھرا تھا۔ ہمیں حیرت ہوئی۔ (حیرت اس لیے ہوئی کہ صحافیوں کا دفتر چاہے دنیا کے کسی کونے میں بھی ہو جگہ جگہ کاغذات کا ڈھیر، دفتر کی خوبصورت میں شمار ہوتا ہے۔) اِس صفائی کی وجہ دریافت کی۔ ہماری امید کے مطابق قیصر صاحب صفائی کا نام سنتے ہی کچھ برا مان گئے۔ انھوں نے خود اپنی صفائی پیش کی ''ارے صاحب! یہ ہمیشہ اتنا صاف نہیں رہتا۔ دراصل 'ٹائمز اخبار' کو دوسو

سال ہو گئے ہیں اور کچھ دنوں بعد ملکہ الزبتھ ہمارے دفتر میں دو صد سالہ فنکشن میں تشریف لا رہی ہیں۔ آپ ان کے جانے کے بعد آئیے پھر دیکھیے گا کیا خوب لگتا ہے۔''

ٹائمز کے دفتر میں ایک اور بات دیکھ کر بڑی حیرت ہوئی۔ یہاں کاغذ کے انبار نظر آئے۔ اب آپ سوچ رہے ہوں گے کہ یہ تو قدرتی بات ہے۔ بھلا اخبار کے دفتر میں کاغذ نہیں تو کیا ہاتھی دکھائی دیں گے۔ ہم بھی یہی سوچتے تھے لیکن تقریباً سات سال پہلے 'نیویارک ٹائمز' کا دفتر دیکھا تھا۔ صاحب یقین مانیے ہم کاغذ کے دیدار کو ترس گئے تھے۔ معلوم ہوا کہ ہر کام کمپیوٹر کرتا ہے۔ ہر رپورٹر کی میز پر ایک چھوٹا سا کمپیوٹر لگا ہوا ہے۔ کیسا کاغذ اور کیسا قلم۔ رپورٹر اپنی کہانی کمپیوٹر میں ٹائپ کر دیتا ہے اور وہ کہانی مدیر کے کمپیوٹر میں چلی جاتی ہے اور اس طرح کمپیوٹر کا صفحہ اخبار بن جاتا ہے۔

ہم نے کہا ''قیصر صاحب، کاغذ پر تو ہم بھی لکھتے ہیں۔'' انھوں نے پھر صفائی پیش کی ''دراصل چھے سال سے یونین کی ہڑتال چل رہی ہے۔ یونین والے کمپیوٹر کو آنے نہیں دیتے کہ بہت سے کارکن اس وجہ سے بے روزگار ہو جائیں گے۔''

چلو کہیں تو کمپیوٹر کی ہار ہوئی۔ یہ انسانی قدر دیکھ کر مسرت ہوئی۔

لندن میں ہم نے ادب اور موسیقی کا خوب لطف اٹھایا۔ دو مشہور پینٹرز کی نمائش چل رہی تھی۔ ایک رینوا کی دوسرے شاگال کی۔ رینوا پچھلی صدی کا مشہور فرانسیسی آرٹسٹ تھا۔ دنیا بھر سے اس کی پینٹنگ جمع کر کے لندن کے ایک میوزیم میں اکٹھی کی گئی تھیں۔ اس کی پینٹنگ میں فرانسیسی زندگی کے ہر پہلو کے نقوش ملتے ہیں۔

شاگال بھی عجیب انسان ہیں۔ وہ اس وقت ۹۷ سال کے ہیں اور شاید دنیا کے مشہور ترین آرٹسٹوں میں سب سے زیادہ عمر کے ہیں۔ اسی وجہ سے ان کی تصویروں میں اس صدی کے مختلف نقشے ملتے ہیں۔ یہ دنیا کے پہلے ماڈرن آرٹسٹ بھی مانے جاتے ہیں۔ ان نمائشوں میں ایک نئی بات دیکھی۔ گائیڈ کی جگہ یہاں بھی مشین نے لے لی ہے۔ ہم کو ایک کیسٹ ریکارڈر اور ہیڈ فون دے دیا گیا۔ ہم نے اسے اپنے کانوں میں فٹ کر لیا،

اس طرح ہر تصویر کی معلومات ملتی رہی۔

ایک شام انگریزی کلاسیکل موسیقی سننے گئے۔ اس موسیقی کو سننے میں ہمیں بہت سرور حاصل ہوا لیکن ہمیں یہاں بھی کمپیوٹر کا دخل محسوس ہوا۔ رایل فیسٹیول میں ہم لندن فیل ہارمونک آرکسٹرا سن رہے تھے۔ بینڈ میں کوئی ڈیڑھ سو موسیقار تھے۔ چند لمحوں کے لیے وہ سب خاموش ٹھہرے ہوئے نظر آئے لیکن کانوں میں سریلی آواز گونجتی رہی۔ پہلے سوچا کانوں کو دھوکا ہو رہا ہے پھر ذرا غور سے دیکھا تو پتا چلا کہ واقعی ایک ہاتھ بھی نہیں ہل رہا ہے مگر آواز برابر آ رہی ہے۔ بعد میں معلوم ہوا کہ یہ 'کمپیوٹرز بیٹ' ہے۔ ہم یہ پوچھنے والے ہی تھے کہ صاحب، کلاسیکی موسیقی میں کمپیوٹر کا کیا دخل؟ لیکن اپنی زبان کو لگام دینے ہی میں عافیت جانی۔

ایک دن دھوپ نکلی۔ موسم تو بدلا ہی، ساتھ ساتھ لوگوں کا رویہ بھی بدل گیا۔ صبح سے فون آنے شروع ہو گئے۔ لوگ دھوپ کی مبارک باد اللہ میاں کی بجائے ہمیں دینے لگے۔ بھلا بتائیے! ایک دھوپ کیا نکلی سب دوستوں کو دوستی کا فرض اور قرض یاد آگیے۔ سارے کے سارے باہر گھومنے جانے کو تیار۔ اندھا کیا چاہے، دو آنکھیں۔ ہم نے جلدی سے دو نفل شکرانے کے پڑھے اور ساتھ ہو لیے کہ ایک دن تو انڈر گراونڈ ریل سے چھٹکارا ملا۔ ہم سچ بتا رہے ہیں، ہمیں زمین کے نیچے چلنا ذرا اچھا نہیں لگتا۔ دل بیٹھا جاتا ہے۔ ایک گھبراہٹ کی کیفیت طاری رہتی ہے۔

اس دھوپ والے دن ہم میڈم ٹوساڈ گئے۔ وہاں گاندھی جی اور اندرا گاندھی کے ساتھ فوٹو کھنچوائے۔ ہم نے اندرا گاندھی کے ساتھ اپنا فوٹو بیڈ روم میں لگا لیا ہے اور ان کے ساتھ قریبی مراسم کی قسمیں کھانے لگے ہیں۔

میڈم ٹوساڈ ایک مشہور ویکس میوزیم ہے۔ دنیا کی نامی گرامی ہستیاں یہاں موم میں ڈھل چکی ہیں۔ ان مورتیوں کو صرف بولنے کی دیر ہے۔ بعض مورتیاں مشین کے ذریعے سانس لے کر سینہ پھلاتی ہیں۔ اس میوزیم میں ہمارے چچا بھی ساتھ تھے۔ عمرہ کر کے آئے

تھے۔ گنجے سر پر کئی بار استرا بھی پھروا چکے ہیں۔ اوپر سے بالوں والا کوٹ پہنے ہوئے تھے لہٰذا آپ خود سوچ لیجیے کہ وہ اس وقت کیا لگ رہے ہوں گے۔ انھیں یہاں شیکسپیئر کے ساتھ کھڑا کر دیا۔ ہم ان کی تصویر کھینچ رہے تھے کہ کچھ عورتوں نے بھی ان کی تصویریں اتارنی شروع کر دیں۔ جب چچا جان اپنی جگہ سے ہلے تو وہ عورتیں حیرت زدہ رہ گئیں۔

بی بی سی کے ریڈیو اور ٹی وی پر 'بانو' کی مدیرہ کی حیثیت سے ہمارا انٹرویو لیا گیا اور ہم سے مغربی عورت کے بارے میں ہمارے رائے پوچھی گئی۔ ہم نے کہا

''مغربی عورت کا غلط اور بے تحاشا استعمال دیکھ کر افسوس ہوتا ہے، خاص طور سے اشتہارات میں۔ ہماری نظر میں مغربی عورت کو آزادی دے کر مرد اس کا استحصال کر رہا ہے۔ جب تک عورت چاہے وہ کہیں کی بھی ہو، اشتہارات میں استعمال کی جائے گی، وہ صحیح معنوں میں آزاد نہیں ہوگی۔ ایک آزاد خیال اور ترقی پسند عورت وہ ہے جو اچھے برے کی سمجھ رکھتی ہو جو اپنی زندگی کے فیصلے خود کرے اور ان پر عمل کرنے کی صلاحیت بھی رکھتی ہو۔''

ایران اور فردوسی کا شاہ نامہ

ہارون رشید علیگ

ایران میں گلی یا اسٹریٹ کو خیابان کہتے ہیں۔ تہران میں خیابانِ اقبال بھی نظر آتا ہے اور خیابانِ غالب بھی۔ ایک جگہ ہم نے خیابانِ گاندھی کا بورڈ بھی دیکھا۔ معلوم ہوا کہ خیابانِ منڈیلا بھی ہے۔ ہم نے سوچا کہ بڑے راستے یا ہائی وے وغیرہ کو شاہراہ کہا جاتا ہوگا۔ لفظ خوب صورت ہے اور فارسی کا بھی ہے۔ کار میں بیٹھے شیشے کے پیچھے سے جھانکتے رہے کہ لفظ شاہراہ سے ملاقات ہو جائے لیکن دیدار کو ترس گئے۔ ملاقات ہوئی تو 'بزرگ راہ' سے۔ حکومت کے پیامی نے جو ہمارے ساتھ تھا راز کھولا کہ صاحب ہمارے یہاں تو شاہراہ کو بزرگ راہ ہی کہا جاتا ہے۔ 'شاہ' کے بارے میں سب کچھ بھول جائیے۔ جہاں بزرگی ہو وہاں شاہی کا کیا کام۔ 'دیس نکالا' کی یہ بھی ایک صورت ہے۔

نام بدلنے کا چلن کچھ ہندوستان ہی میں عام نہیں، ایران بھی پہنچا ہوا ہے اور دھوم مچا رہا ہے۔ تہران کی سب سے خوبصورت سڑک خیابانِ ولی عصر کہلاتی ہے۔ اسے سڑک کہتے ہوئے لگتا ہے ہم اس کا حق مار رہے ہوں۔ خدا جھوٹ نہ بلوائے تو بیس پچیس کلو میٹر لمبی ہے۔ چلتی ہے تو رکنے کا نام نہیں لیتی۔ تہران کو دولخت کرتی ہے اور ڈھلان سے اٹھ کر سامنے پہاڑ پر چڑھ جاتی ہے۔ اس کے دونوں طرف ٹھنڈے پانی کا وہ چشمہ بہتا ہے جس کا ذکر ہم پہلے کر چکے ہیں۔ ایک تو اس پانی کی ٹھنڈک اور پھر اس راستے کے دونوں طرف چنار کے ہزاروں درخت ہاتھ باندھے کھڑے ہیں۔ ولی عصر خیابان، خیابان نہیں رہ جاتا،

پھولوں اور پتوں کا گھر بن جاتا ہے۔

آپ جانتے ہیں ایران میں پھولوں کی دکان کو کیا کہتے ہیں؟ سنیے اور سر دھنیے 'شگوفہ سرا'۔ جی ہاں یہ ۲۴؍کلومیٹر کا راستہ شگوفہ سرا ہے۔ ہمارے یہاں پطرس بخاری کو لاہور میں ٹھنڈی سڑک کی سیر کرنے کا جنون تھا۔ وہ سڑک کتنی ٹھنڈی تھی ہم نہیں جانتے لیکن اتنا جانتے ہیں کہ خیابانِ ولی عصر کو اگر پطرس دیکھ لیتے تو اپنی سائیکل پر سوار یہاں ٹرافک کا مسئلہ بن جاتے جو اس سڑک پر نام کو بھی نہیں۔

خیابانِ ولی عصر کی دونوں جانب جدید قسم کی دکانیں ہیں۔ نیون روشنی ہمیں کہیں نظر نہیں آئی ،لیکن دکانیں روشن تھیں اور چہرے اس سے بھی زیادہ روشن۔ ہر قدم دو قدم پر پھولوں کی دکان یعنی شگوفہ سرا۔تہران والے پھولوں کے دیوانے ہیں۔ دیوانوں کی طرح پھول خریدتے ہیں۔ رنگ برنگے پھول، اودے اودے، نیلے نیلے، قطار در قطار۔ اقبالؔ لاہوری کے الفاظ میں جیسے پریاں کھڑی ہوں۔اس ٹھنڈی سڑک کا نام پہلے خیابانِ پہلوی تھا لیکن اب یہ خیابانِ ولی عصر ہوگیا ہے جیسے مرین ڈرائیو، نیتا جی سبھاش چندر بوس مارگ ہوگیا اور کرافورڈ مارکیٹ نے مہا تما پھُلے مارکیٹ کا نیا جامہ پہن لیا۔

اہل ایران کے لیے لفظ 'شاہ' سے نجات پانا اتنا سہل نہیں۔'شاہراہ' میں سے 'شاہ' کو تو انھوں نے جلا وطن کر دیا اور 'بزرگ راہ' سے خوش اور مطمئن ہو گئے لیکن ایک مقام ایسا بھی آتا ہے جہاں ان کی بے بسی دیدنی ہو جاتی ہے۔لفظ 'شاہ' سے گلو خلاصی کے بارے میں سوچا بھی نہیں جاسکتا۔ یہ ٹیڑھی کھیر فردوسی کے 'شاہ نامہ' کی ہے۔ اس لیے شاہ نامہ آج بھی شاہ نامہ ہے اور جہاں تک فردوسی کی بات ہے وہ تو ایران پر راج کررہا ہے۔ ایران میں فردوسی کی مقبولیت اور پذیرائی کا گراف اوپر ہی اوپر اٹھ رہا ہے۔لگتا ہے یہ گراف کوہِ البرز کی چوٹی کو چھو لے گا۔ فردوسی ہوائی اڈوں، ریلوے اسٹیشنوں، نمائش گاہوں اور دیوان خانوں میں یعنی ہر جگہ آپ کو نظر آئے گا، اپنے ہاتھوں میں ۶۰؍ ہزار اشعار والا شاہ نامہ پکڑے ہوئے۔

ہم تاجرانہ ذہنیت کے مارے فی زمانہ جسے اسپانسرشپ کہتے ہیں، پچھلے زمانے میں اسے 'شاہی سرپرستی' کہا جاتا تھا۔ مرزا غالب کو بہادر شاہ ظفرؔ اور نواب رام پور کی اسپانسرشپ مطلوب تھی تو حکیم ابوالقاسم فردوسی کو محمود غزنوی کی۔ دلّی کے مغل دربار میں اگر استاد ذوقؔ اوران کے دوسرے رفقا نے غالبؔ کو بہادرشاہ ظفرؔ کی نظروں میں ہیچ ثابت کرنے میں کوئی کسر نہ چھوڑی تو غزنہ کے دربار میں بھی سلطان کو اس قدر بدگمان کیا گیا کہ فردوسی کی جان پر بن آئی۔

قصہ یہ ہوا کہ فردوسی نے خود سلطان محمود غزنوی سے رجوع کیا تھا کہ اسے اسپانسر کیا جائے۔ یہ کتنی بڑی بات ہے کہ فردوسی کو اس کا بخوبی اندازہ ہوگیا تھا کہ پر چھٹے چھے ماہے ہندوستان پر چڑھ دوڑنے والا محمود، علم پرور بھی ہے۔ لہٰذا سلطان اور شاعر کے مابین ایک معاہدہ ہوا کہ ظل الٰہی کو زلف و رخسار سے کیا رشتہ، تیر و تفنگ کی بات کیجیے، رزمی لکھیے جس میں رستم و سہراب کی تلواروں کی جھنکار صاف صاف سنائی دے۔ وعدہ رہا کہ ایک شعر کے لیے ایک اشرفی۔

ایسا بھی نہیں کہ اس سے پہلے ایران میں کوئی شاہ نامہ نہیں لکھا گیا تھا، لیکن وہ نقشِ ناتمام تھے۔ ۹۸۰ء میں فارسی ادب کو عظیم ترین سرمایے سے مالامال کرنے کے لیے فردوسی نے قلم اٹھایا اور بسم اللہ پڑھتے ہوئے شاہ نامے کا پہلا شعر رقم کر دیا۔ جسے اردو میں دیدے ٹپکانا کہتے ہیں، فردوسی نے وہی کیا۔ ایسی مثال دنیا میں کہیں اور نہیں ملتی۔ اپنے آپ کو ایک کمرے میں مقفل کر لینا، در و دیوار پر اسے سجا لینا، اپنے سامنے تیر و تفنگ رکھ لینا پھر رزمیہ نظم لکھنا اور وہ بھی ۳۰ سال تک۔ بسم اللہ ۹۸۰ء میں ہوئی اور آمین ۱۰۱۰ء میں۔ جب تیس سال بعد فردوسی نے گنتی کی تو اسے خود یقین نہیں آیا کہ وہ ساٹھ ہزار اشعار لکھ چکا ہے۔ غزنوی کو فردوسی نے میمورنڈم بھجوایا کہ اس ہاتھ لے اور اس ہاتھ دے۔ خزانے سے ۶۰ ہزار اشرفیاں نکلوائیے اور ۶۰ ہزار اشعار کا شاہ نامہ لے جائیے۔

رات دن گردش میں رہنے والے سات آسمان کچھ نہ کچھ کرتے رہتے ہیں۔ زمانہ

بدل چکا تھا۔غزنوی بدگمان اور بدظن کر دیا گیا تھا، بلکہ کان بھرنے والوں نے فردوسی کو سلطان کی نظروں میں سزا کا مستحق بنادیا تھا۔اشرفیاں تو کیا ملتیں تلواروں کے سائے فردوسی کے پیچھے لگ گئے۔شاہ نامہ کے شاعر نے راہِ فرار اختیار کی۔کبھی ہرات اور کبھی طوس میں روپوش ہوا۔طبرستان کے شہزادے سے رابطہ قایم کیا کہ وہ محمود غزنوی کو سبق سکھائے۔ شہزادے نے بھی دنیا دیکھی تھی۔ بڑے میاں کو مشورہ دیا کہ ہاتھوں میں چراغ ہو تو ہوا کے سامنے نہیں جایا کرتے۔

دریں اثنا، اللہ نے محمود غزنوی کے دل میں نیکی اتاری اور اسے سیدھا راستہ دکھایا۔ سلطان پچھتایا اور ایک دن ۶۰ ہزار اشرفیوں اور خلعت کے ساتھ اپنا قافلہ طوس روانہ کیا کہ جاؤ اور شاعر اعظم فردوسی سے کہو کہ مابدولت وعدہ خلافی کے لیے پشیمان ہیں اور آپ یہ ۶۰ ہزار اشرفیاں قبول فرمائیے۔تاریخ کی کتابوں میں درج ہے کہ جب شاہی قافلہ مال و دولت لیے ہوئے شہر کے صدر دروازے پر پہنچا تو فردوسی کا جنازہ نکل رہا تھا،لیکن جانے والے نے اپنے پیچھے ڈھیر ساری اشرفیاں چھوڑ دی تھیں۔ایک نہایت قیمتی خزانہ۔اس خزانے کو آج دنیا 'شاہ نامۂ فردوسی' کے نام سے جانتی ہے۔دنیا کا عظیم ترین رزمیہ۔بے شک یونان اور روم والے بھی اس کا کوئی جواب پیش نہیں کر سکتے۔فردوسی آج بھی زندہ ہے۔سلطان محمود غزنوی تاریخ کی کتابوں میں دفن ہے لیکن فردوسی دنیائے علم و ادب کی شریانوں میں دوڑ رہا ہے۔شاید قیامت تک وہ یوں ہی زندہ رہے گا۔

طوس میں جس مقام پر فردوسی منوں مٹی کے نیچے آرام کر رہا ہے، وہاں اور اس کے اطراف جیتی جاگتی شاداب زندگی کی ہر علامت موجود ہے۔شہر سے ۳۰ رکلو میٹر دور بڑا سا باغ ہے۔اندر داخل ہونے کی فیس ہے، شاید ۱۵روپے۔سامنے فردوسی کا مقبرہ نظر آتا ہے۔سفید پتھروں والا۔ پختہ اور بلند لیکن طرزِ تعمیر اسلامی نہیں زرتشتی ہے۔معلوم ہوا کہ اس کی تعمیر تقریباً ۷۰ سال قبل شاہ کے زمانے میں ہوئی تھی۔ نیزوں اور تلواروں کی باتیں لکھنے والا خوبصورت پھولوں والے درختوں کے زیرسایہ اس بڑی حویلی میں سویا ہوا ہے۔

پہلے اس کا مجسّمہ استقبال کرتا ہے۔ پکنک جیسا سماں ہے۔لوگ باغ کی سیر کر رہے ہیں۔ کئی جگہ نرم اور ہری گھاس پر دسترخوان لگا ہوا ہے۔ اور ہاں ہتھیاروں اور زرہ بکتر نے یہاں بھی فردوسی کا ساتھ نہیں چھوڑا ہے۔ اس فوٹو گرافر کو دیکھیے جس کے پاس کیمرہ بھی ہے، زرہ بکتر بھی ہے اور شمشیر برہنہ بھی۔ زرہ بکتر پہنیے، لوہے کی ٹوپی (خود) اوڑھیے اور ہاتھ میں تلوار لے کر فوٹو کھنچوائیے۔ فوٹو گرافر آپ کے ہوٹل بلکہ ایر پورٹ پر بھی تصوریں پہنچانے کے لیے راضی ہے۔

وہ منظر جو ایران میں دوسرے مقبروں اور مزاروں پر نظر آتا ہے، یہاں ناپید ہے۔ قبر کے اطراف کوئی جالی نہیں۔کہیں سونے چاندی کا کوئی کام نہیں۔ فردوسی کے دیوانے اس کی قبر کے بالکل قریب جا کر تصویریں کھنچوا رہے ہیں۔ بچے قبر سے لپٹ کر خوش ہو رہے ہیں۔ ہال کی دیواروں پر شاہ نامہ کی تصویریں اور بے پناہ خوبصورت پینٹنگس شاہ نامہ کے خالق کو خراجِ عقیدت پیش کر رہی ہیں اور قبر کے پاس قرآن خالق حقیقی کی یاد دلا رہا ہے۔ رہے نام اللہ کا۔

نیل کے کنارے کنارے

محمود الرحمٰن فاروقی ندوی

صبح جب آنکھ کھلی تو ہمارا جہاز جنوب کی طرف رواں دواں تھا۔ اس کا رخ جنوبی مصر کے مشہور شہر 'اسوان' کی طرف تھا۔ اسوان گویا ہماری آخری منزل تھی لیکن درمیان میں آنے والے مختلف شہروں میں وقفے وقفے سے ہمیں رک کر سیر کرنی تھی۔ اب کسی ہوٹل کے بجائے اگلے چار روز کے لیے جہاز ہی ہماری قیام گاہ تھا۔

صبح کے وقت ہم عرشے پر آ کر موسم اور اطراف کے ماحول سے لطف اندوز ہو رہے تھے۔ یہاں سے آگے ہمیں قریب دس بجے 'اسنا' نامی مقام پر ایک بند کو پار کرنا تھا۔

جب ہم اس بند کے مقام پر پہنچے تو کئی جہاز قطار میں کھڑے تھے۔ سبھی کو اونچی سطح کی طرف جانا تھا۔ یہاں ایک عجیب و غریب خوش گوار تجربہ ہوا۔ اس سے قبل 'تھائی لینڈ' کے دورے کے وقت میں نے پانی پر تیرتا ہوا سبزی اور پھل وغیرہ کا بازار دیکھا تھا۔ وہاں لوگ ندی یا جھیل میں چھوٹی چھوٹی کشتیوں پر اپنی دکانیں سجائے پانی میں چلتے پھرتے ہیں اور خریدار بھی کشتیوں میں سوار ہو کر خریداری کرتے ہیں۔ اُس بازار میں چائے والے کے پاس بھی کشتی ہوتی ہے۔ وہ سارا ساز و سامان لے کر کشتی سے چائے فروخت کرتا ہے۔

یہاں بھی کچھ اسی طرح کا نظارہ تھا لیکن قدرے مختلف، کیونکہ تاجر یہاں چھوٹی چھوٹی کشتیوں پر تھے اور خریدار چار پانچ منزلہ جہازوں پر۔ یہ ایک بڑا بنیادی فرق تھا۔

ویسے یہاں تاجروں کے پاس صرف مصری شالیں اور کپڑے تھے۔ یہاں سبزی ترکاری یا پھل بیچنے کا کوئی موقع نہ تھا۔ اب سنیے دلچسپ بات - اُن بیچاروں نے اپنے اور ہمارے درمیانی سطح کا حل یہ نکالا کہ وہ شال کو ایک لاٹھی میں لپیٹ کر بڑی مہارت سے ہماری طرف اچھال دیتے۔ کیا مجال جو شال اِدھر اُدھر پانی میں گر جائے - اور پھر جب اوپر عرشے سے ہی بھاؤ تاؤ کے مراحل طے ہو جاتے تو وہ لوگ ایک چھوٹی سی تھیلی اُچھال دیتے جس میں پیسہ رکھ کر واپس پھینک دیا جاتا۔ بہر حال یہ بڑی عجیب وغریب خرید وفروخت تھی، جہاں ایک طرف خریدار اور دوسری طرف تاجر اور دونوں کے درمیان چالیس پچاس فٹ سے زیادہ اونچ نیچ کا معاملہ!

ان کشتیوں میں فروخت کرنے والوں کے پاس مصر کا خاص لباس ’جلابیہ‘ بھی خوب تھا۔ یہ میکسی کی طرح کا ایک ڈھیلا ڈھالا لباس ہوتا ہے جو عام طور پر مصر اور دیگر عرب ممالک میں پہنا جاتا ہے۔ خواتین کے لیے بنے اس لباس میں زردوزی کا کام بھی بہت عمدہ قسم کا ہوتا ہے۔ ہمارے کشمیر میں جس طرح خواتین کا خوبصورت کشیدہ کاری والا لباس مشہور ہے، ٹھیک ویسا ہی یہاں کا یہ جلابیہ کافی مشہور ہے۔ رفقاء میں سے بیشتر لوگوں نے اپنے اہلِ خانہ کے لیے اسے خریدا۔ زیادہ مہنگا بھی نہیں تھا، دوسو سے لے کر چارسو ہندوستانی روپے تک بہت عمدہ قسم کا جلابیہ مل رہا تھا۔

اسنا کو پار کرنے کے بعد ہماری اگلی منزل تھی ’اِدفو‘۔ یہ نیل کے مشرقی ساحل پر ایک چھوٹا سا گاؤں ہے جہاں ہمیں ایک معبد دکھایا جانے والا تھا جس کے بارے میں بتایا گیا کہ یہ اس وقت مصر کے قدیم معابد میں سے سب سے اچھی حالت میں ہے اور دیکھنے لائق ہے۔ البتہ وہ یہاں سے تھوڑے فاصلے پر واقع تھا۔ اور وہاں جانے کے لیے گھوڑا گاڑیاں کھڑی تھیں۔ بے شمار سیاحوں کا ہجوم اور گھوڑا گاڑی والوں کا شور۔ بہر حال طے یہ ہوا کہ چار چار کا گروپ بنا کر ایک ایک گھوڑا گاڑی حوالے کردی جائے گا۔ ہم بھاگم بھاگ گھوڑا گاڑی میں سوار ہوئے۔

کسی طرح اس معبد تک رسائی ہوئی۔ اب جو شمار کر رہے ہیں تو نصف ساتھی غائب۔ظاہر ہے بھیڑ بھاڑ کی وجہ سے یہ تو ہونا ہی تھا۔تھوڑی ہی دیر میں سب اکٹھا ہو گئے کیونکہ وہ کوئی بہت بڑی جگہ نہیں تھی۔

معبد واقعی بہت وسیع وعریض تھا۔اس کے ستونوں کا قطر اس قدر زیادہ تھا کہ شاید دو آدمیوں کے آپس میں ہاتھ ملا کر کھڑے ہونے پر بھی درمیان میں نہ سما سکے۔اس کے علاوہ تمام ستونوں کے اوپری حصے میں طرح طرح کے نقش ونگار بنے ہوئے تھے۔ ہم لوگ وہاں سے نکل کر واپس اسی طرح گھوڑا گاڑیوں سے ساحل تک پہنچے۔ ہمارا جہاز اب خراماں خراماں بڑھا چلا جا رہا تھا۔موسم نہایت خوش گوار تھا۔ دھوپ کھلی ہوئی تھی۔ نہ گرمی زیادہ تھی نہ سردی۔ہوا کے مست جھونکے موسم اور ماحول کو اور بھی خوش گوار بنا رہے تھے۔

وہ مناظر جو آدمی کوشش کے باوجود دیگر ذرائع سے شاید نہ دیکھ سکے، وہ یہاں کھلی آنکھوں دیکھنے کے لیے میسر تھے۔ چھوٹے چھوٹے دیہات، ہل چلاتے کسان، کنویں پر پانی کے ڈول کھینچتی عورتیں، کھیلتے ہوئے معصوم بچے،صبح کی اُجلی کرن، شام کا ڈھلتا سایہ، اپنے ٹھکانوں کو لوٹتے چرند پرند، نیل کے شفاف پانی سے اٹکھیلیاں کرتی مچھلیاں، دور کہیں شور مچاتی کوئل کی کوک، بکریوں کے ممیانے کی آواز، غرض وہ سب کچھ جو ہم شہر کی عام زندگی میں سوچ بھی نہیں سکتے۔

کہاں میں اور کہاں پاک پروردگار کی یہ بیش بہا عنایتیں۔سر تشکر کے جذبے سے جھکا جا رہا تھا۔

وادیٔ نیل میں!

انیس چشتی

قاہرہ کے عجائب گھر میں بہت سی چیزیں دیکھنے سے تعلق رکھتی ہیں۔سنگی مجسّمے، ہزاروں سال پرانی تحریریں، زیورات، جواہر، ایک ہی پتھر میں تراشے ہوئے تابوت،سنگی صندوق جو تابوت رکھنے کے کام آتے تھے،قلوپطرہ کے مجسّمے، روز مرہ زندگی کے مصری آثار، آلات،ہتھیار،موسیقی کے اوزار... غرض کیا نہیں ہے۔

'جیزہ'کسی زمانے میں ایک مستقل شہر ہوا کرتا تھا اور اصل قاہرہ سے اس کا فاصلہ اب بھی تقریباً ۳۰ کلو میٹر ہے۔ کہتے ہیں کئی ہزار سال پہلے یہی اصل شہر ہوا کرتا تھا اور فراعنۂ مصر کے مدفنوں کے لیے مشہور تھا۔ یہاں سے دریائے نیل کی ایک شاخ بہتی تھی لیکن اب ناپید ہے۔ حدِّنظر تک لق و دق ریگستان، مسموم ہواؤں کے جھکّڑ اور ریت کے مرغولے اُٹھتے ہوئے۔شاہانِ مصر نے اپنی حنوط شدہ لاشوں کے مدفن کے لیے بڑی تحقیق و جستجو کے بعد اس جگہ کا انتخاب کیا ہے۔ دنیا کا سب سے پہلا اہرام ژِ کسا(Zixa) میں بنا۔ یہی روایت سقرہ (Saqqara) کے اہرام کے لیے بھی مشہور ہے۔لوگ اس کی عمر بھی تقریباً سات ہزار سال بتاتے ہیں۔یعنی حضرت ابراہیم علیہ السلام سے بھی ڈھائی ہزار سال پہلے۔ جب آپ جیزہ کے اہرامات کے دامن میں پہنچ جائیں گے تو وہاں سے دور فاصلے پر آپ کو ژِ کسا کے اہرامات کے کھنڈرات دِکھائی دیں گے۔ آبادی کے پھیلاؤ کی وجہ سے اب یہ شہر مل کر ایک ہو گئے ہیں۔

جیزہ میں کل ۹؍ اہرامات ہیں، لیکن تین اتنے بڑے ہیں کہ ان کے سامنے چھوٹے اہرامات کی کوئی حیثیت نہیں رہ گئی۔ وہ یا تو شہزادوں کے ہیں یا ملکاؤں کے ہیں۔ جس سطح مرتفع پر یہ اہرامات تعمیر کیے گئے ہیں۔ اس علاقے کا رقبہ تقریباً ایک کروڑ بہتّر لاکھ مربع فٹ ہے۔ یہ اہرامات کیا ہیں۔ انسان محنتوں اور فن تعمیر کا ایک ایسا عجوبہ ہے جو آنے والی نسلوں کو اپنے باقی رہنے تک حیرت زدہ کرتے رہیں گے۔ انسانوں نے پتھر کی سلوں کو تراش کر بلند زمین پر انھیں اوپر تلے رکھ کر ایک مربع پہاڑ کھڑا کر دیا ہے۔ جس کے چاروں کونے ایک ادنیٰ سی غلطی کے بغیر بالکل مربع ہیں اور زمین سے جب یہ بلند ہوتے ہیں تو سمٹتے چلے جاتے ہیں۔ یہاں تک کہ چار زبردست مثلث بلندی پر ملتے ہیں تو ایک چوٹی (نوک) میں تبدیل ہو جاتے ہیں۔

بیت اللہ شریف کے بعد یہ دنیا کی قدیم ترین عمارتیں تسلیم کی گئی ہیں۔ بیت اللہ شریف کے بعد اس لیے کہ حضرت ابراہیم علیہ السلام نے خدا تعالیٰ کے اس گھر کو قدیم بنیادوں پر ہی اٹھایا تھا۔ یہ تینوں اہرامات اتنے اہتمام سے بنے ہیں کہ اگر ایک اہرام کے مربع (بنیاد) کے دو کونوں کو جوڑنے والا ایک خط کھینچا جائے اور اسے فرضی طور پر آگے بڑھایا جائے تو ایک مخصوص فاصلے کے بعد ٹھیک اس خط پر دوسرے اہرام کے بنیادی مربع کا ایک کونہ (زاویہ) مس کرے گا۔

اہرامات کے بارے میں بڑی بڑی دیو مالائی داستانیں مشہور ہیں۔ کہتے ہیں کہ اہرام کی چوٹی پر سوراخ ہے جس میں سے سال میں صرف ایک دن سورج کی روشنی اندر پڑتی ہے اور ٹھیک اندر رکھی ہوئی لاش کے چہرے پر چمکتی ہے۔ ان اہرامات کے مقام کا تعین بڑی تحقیق کے بعد ایسی جگہ کیا گیا ہے جہاں صدیاں گزر جانے کے باوجود بھی مردہ انسانی جسم خراب نہیں ہوتا۔ اہرامات کی تعمیر میں جتنے پتھروں کا استعمال کیا گیا ہے اگر کسی وجہ سے یہ اہرامات اچانک گر پڑیں تو پورا قاہرہ شہر زلزلے کے جھٹکے محسوس کرے گا اور تباہ ہو جائے گا۔

ان اہرامات میں اندر ہی اندر لا تعداد کمرے بنے ہوئے ہیں۔ یہ پر اسرار کمرے بادشاہ، ملکہ،شہزادوں اور غلاموں وغیرہ کے اعتبار سے تعمیر کیے گئے ہیں۔ قدیم مصری عقیدے کے مطابق بادشاہ مرنے کے بعد دوبارہ بھی اٹھتا ہے اور اس کو وہ تمام ضرورتیں پیش آتی ہیں جو زندگی میں پیش آیا کرتی تھیں۔ چنانچہ وہ اپنے شاہوں کے ساتھ پورا راشن، پانی، ہیرے، جواہرات، یہاں تک کہ خدام اور غلام بھی فن کر دیا کرتے تھے اور اہرامات کے داخلی دروازے اس طرح سے بند کر دیا کرتے تھے کہ صدیاں گزر جانے کے باوجود اندر جانے کا راستہ لوگوں کو معلوم نہ ہو سکا تھا۔ جب نپولین نے مصر کو فتح کیا تو فرانسیسیوں نے اہرامات کو جگہ جگہ سے کھودا اور بڑی جستجو کے بعد اندر جانے کے راستے معلوم کیے لیکن آج بھی اندرونی پوری کیفیت معلوم نہیں ہوسکی ہے اور یہ پر اسراریت اور گمشدگی نئے نئے محققین کو آمادۂ کار رکھے ہوئے ہے۔

جیزہ کے اہرامات چوں کہ زمین کے اوپر بنے ہیں اس لیے ان کو دیکھنے میں سیّاح خاص کشش محسوس کرتے ہیں۔ یہیں پر ابوالہول کا مجسمہ بھی ہے جس کا چہرہ بادشاہ کا اور جسم شیر کا ہے۔گو کہ تینوں اہرامات سے اس کا فاصلہ کافی ہے لیکن دیکھنے میں یوں محسوس ہوتا ہے کہ تینوں اہرامات اس کے پس منظر میں ہیں اور یہ مجسمہ آپ کے استقبال کے لیے ہے۔اس مجسّمے کے تعلق سے بھی طرح طرح کی باتیں مشہور ہیں۔اتنا بڑا انسانی چہرہ دنیا میں کہیں نہیں بنوایا گیا۔ بادشاہ کے سر پر روایتی تاج ہے۔ کہتے ہیں اسے خوفو نے اپنی علامت کے طور پر بنوایا تھا۔اس کا کہنا تھا کہ انسان کا جسم شیر کی طرح مضبوط ہونا چاہیے۔ اس کی بلندی تقریباً ۶۶ فٹ ہے۔اس مجسّمے کی پوری لمبائی ۲۴۰ فٹ ہے۔

اہرامات کو دیکھنے سے لگتا ہے کہ فراعنہ کی پوری زندگی اپنی موت کی تیاری میں گزرتی تھی۔فکر آخرت میں نہیں بلکہ اپنی موت کو اپنے پیش رو کی بہ نسبت عظیم تر بنانے کے لیے۔ مصری کاہنوں، جادوگروں، پالیسی سازوں ، مذہبی پیشواؤں اور منصوبہ کاروں نے بادشاہوں کو خدا بنا رکھا تھا۔ یہ فرماں روا زندگی میں اپنی پوجا کرواتے ، مرنے کے

بعد اپنی پوجا کرواتے، اپنی حیات میں، اپنی نگرانی میں اپنے بڑے بڑے مندر بنواتے، بڑے بڑے بت بنواتے اور جبراً عوام کو ان کی پوجا پر مجبور کرتے۔ زمانۂ موسیٰؑ کے فرعون رمسیس ثانی نے اپنے کئی مندر تعمیر کروائے تھے۔ اس نے قدیم فراعنہ کے منادر کی توسیع کی اور جہاں موقع ملا اپنا بت ترشوا دیا۔ اُقصر اُسوان (Luxor Aswan) کے منادر اپنی وسعت اور مورتیوں کی لمبائی چوڑائی میں دنیا کی تمام مورتیوں کے پیش رو معلوم ہوتے ہیں۔

ابوسنبل (Abou Simbel) کا مشہور عالم مندر رمسیس ثانی کی دیو قامت مورتیوں کے لیے مشہور ہے۔ ایک اندازے کے مطابق ابوالہول کے علاوہ دنیا میں اس سے بڑا انسانی چہرہ کسی پتھر پر تراشا ہوا نہیں پایا جاتا۔ رمسیس ثانی کی چار مورتیاں ابوسنبل کے داخلی دروازے پر پہاڑوں کو تراش کر بنائی گئی ہیں۔ بت پرستی کا یہ عالم ہے کہ تخت پر بیٹھے ہوئے رمسیس ثانی کے دو پیروں کے درمیان جو ذرا سی جگہ نکل آئی ہے وہاں بھی شاہی خاندان کے کسی فرد کی مورت تراش دی گئی ہے۔ اِن مورتیوں کی بلندی ۶۵ فٹ ہے۔

اہرامات میں اندر جانے کا موقع ملا تو کلیجہ منہ کو آ گیا۔ اب تک غار میں اترنا سنتے آئے تھے، لیکن غار میں چڑھنا پہلی بار دیکھا۔ چڑھنا بھی کھڑے ہو کر نہیں بلکہ رکوع کی حالت میں اور وہ بھی سیڑھیوں کے بغیر چکنے فرش پر، جس پر بعد میں مصری حکومت نے لکڑی کے پٹرے بچھا دیے ہیں اور تھوڑے تھوڑے فاصلے پر لکڑی کی پٹیاں ٹھونک دی ہیں تاکہ آپ کے قدم جم سکیں۔ گھپ اندھیرا، ہوا کا نام ونشان نہیں، وہ تو حکومت کی چستی ہے کہ کہیں کہیں ٹیوب لائٹ ہے۔ راستہ اتنا تنگ کہ بہ مشکل دو آدمی گزر سکیں۔ ایک بار چڑھنا شروع کریں تو بس چڑھتے ہی چلے جایئے۔ رکنے کا سوال ہی پیدا نہیں ہوتا۔ اترنا شروع کریں تو رکوع کے بل بس اترتے ہی رہیے۔ ہم سوچنے پر مجبور ہو گئے کہ اگر زندگی میں آزمائش کا یہ حال ہے تو موت کے بعد کی گھاٹی کتنی سخت اور اندھیاری ہوگی۔ اسی لیے تو سرورِ کائناتؐ نے فرمایا کہ ”پیٹھ کا بوجھ ہلکا کر گھاٹی بہت تنگ اور چڑھائی بہت سخت

ہے۔"

ان ہر ہر قدم پر فرعونوں کو کوسنے جا رہے تھے کہ کم بختوں نے اپنی لاشوں کے لیے کیسے سخت راستے بنائے ہیں۔ مصری حکومت نے اہرامات سے متّصل پورا علاقہ گھیر لیا ہے اور بعض جگہوں پر تو صرف تحقیقاتی ٹیموں کو ہی جانے کی اجازت ہے۔

اہرام کے اطراف اجتماعی قبروں کا بھی پتہ چلا ہے۔ بعض ایسے بھی گڑھے ملے ہیں جن میں الماریوں کی طرح تلے اوپر تابوت رکھے ہوئے ہیں۔

مصر میں آج بھی کم پڑھے لکھے لوگ یہ ماننے کے لیے تیار نہیں ہیں کہ یہ اہرامات انسانوں نے بنائے ہیں۔ کسی پتھر کا وزن ۳۰ ہزار کلو سے کم نہیں۔ زمین پر اتنے بڑے پتھر بچھا کر قد آدم چبوترا تیار کر دینے کی حد تک تو بات سمجھ میں آتی ہے۔ اتنے بڑے پتھر کو تقریباً ۵۰۰ فٹ کی بلندی تک لے جانا اور اتنی مہارت سے رکھنا کہ اس کے زاویہ میں ناخن برابر کا بھی فرق نہ پڑے، واقعی انسان کی بصارت اور بصیرت دونوں کو حیرت میں ڈال دینے والی باتیں ہیں۔ اس لیے عوام الناس کا یہ کہنا ہے کہ ہمارے بڑھوں کے قبضے میں جنات اور ایسی مخلوق تھی جو یہ کام انجام دے گئی۔ بعض لوگ اسے مصری جادوگروں کا کارنامہ بتاتے ہیں۔ جو رسیوں کو سانپ بنا دیا کرتے تھے۔ لیکن یہ سب قیاس آرائیاں ہیں۔ اب جو تحقیقات ہو رہی ہیں پتہ چلتا ہے کہ اہرامات کے اطراف میں ہزار ہا ہزار انسانوں کی قبریں ہیں جو اہرام تراشی کے لیے مزدوروں یا غلاموں کی شکل میں بیگار میں کام کرتے تھے۔ انھیں اتنا کھانا دیا جاتا تھا کہ وہ کام کے قابل رہ سکیں۔ علاج و معالجے کی ساری سہولتیں صرف شاہی خاندان کو میسر تھیں۔

بہت کم لوگوں کو یہ بات معلوم ہے کہ اہرامات کی تعمیر میں کسی قسم کے چونے یا گارے کا استعمال نہیں کیا گیا ہے۔ بس چٹانیں رکھی ہوئی ہیں۔ کوئی چاہے تو ان چٹانوں کو سیڑھیوں کی طرح استعمال کر کے بالکل چوٹی تک پہنچ سکتا ہے۔ اہرامات کے اندر البتہ گارے چونے کا کام کیا گیا ہے اور اتنا نفیس ہے کہ ہزار ہا ہزار سال گزر جانے کے باوجود

بھی اس میں چمک اور تازگی باقی ہے۔

مصر کے کھنڈرات، منادر، عقائد اور طرزِ معاشرت کا بغور مشاہدہ کرنے سے پتہ چلتا ہے کہ مصر اور ہندوستان میں بڑی مماثلت ہے۔ دیہی زندگی تو بعینہ ہندی طرز کی لگتی ہے۔ زبان کا فرق نہ ہو تو آپ بعض مرتبہ بھول جائیں گے کہ آپ مصر میں ہیں یا ہندوستان میں۔ ایئر پورٹ سے قاہرہ جاتے ہوئے راستے میں ایک قدیم مندر دکھائی پڑا۔ دیکھ کر حیرت ہوئی کہ بالکل ہندوستانی شوالے کے طرز کا تھا۔ وہی اونچا کلس، دروازے اور بیرونی ہیت بالکل ہندوستانی مندروں جیسی تھی۔ صرف باہر بیٹھے ہوئے ایک نندی کی کمی تھی۔

گائے ان کے ہاں بھی ایک مقدس جانور ہے۔ چٹانوں پر جو تصویریں بنی ہیں ان میں دریائے نیل کو ایک دیوتا کا روپ دیا گیا ہے جسے گائے کی شکل میں ساری دنیا کا احاطہ کیا ہوا بتایا گیا ہے اور اس کے تھنوں سے دودھ کی نہریں بہہ رہی ہیں۔ شخصیت پرستی، مرد پرستی، بادشاہ پرستی، کم لباسی اور اکثر جگہوں پر خواتین کی بے لباسی کے دیومالائی مناظر قدیم ہندوستانی تہذیب کی یاد دلاتے ہیں۔ غرض یہ کہ سرزمین مصر کو ہم نے بہت پراسرار پایا۔ یہاں کے بہت سارے واَسرار سے پردہ اٹھ چکا ہے اور ابھی بہت ساری مخفی باتوں کا شکار ہونا باقی ہے۔

ماریشس کی سیر

صغریٰ مہدی

ماریشس ایک انوکھا ملک ہے، بہت خوبصورت وحسین جزیرہ! وہاں کافی تعداد میں ہندنژاد لوگ رہتے ہیں۔ وہاں اُردو، ہندی بولی جاتی ہے، پڑھی اور پڑھائی جاتی ہے۔ وہاں سے طالبِ علم علی گڑھ مسلم یونیورسٹی، جامعہ ملیہ اسلامیہ اور لکھنؤ اُردو ہندی پڑھنے آتے ہیں۔ ہندی شعبے کے کئی رفیق ماریشس جاچکے ہیں۔ اطہر پرویز مرحوم جن کا تعلق مکتبہ جامعہ اور علی گڑھ سے تھا، وہاں اردو پڑھانے کے لیے عرصے تک رہے تھے۔ ہماری ایک طالبِ علم یاسمین بودھی بھی ماریشس کی تھیں۔ انھوں نے ہمیں ماریشس آنے کی پرزور دعوت دی۔ ''آپ ماریشس کو بہت پسند کریں گی۔ ضرور کبھی آئیے گا۔''

''ضرور۔'' ہم نے فوراً وعدہ کرلیا اور اب جن ملکوں کی سیر کا ارادہ ہے، ان میں ماریشس کا بھی اضافہ کرلیا ہے۔

خدا بڑا مسبّبُ الاسباب ہے۔ نومبر کے مہینے میں یہ خبریں آنی شروع ہوئیں کہ ماریشس میں اردو کانفرنس ہورہی ہے اور ہندوستان سے ایک وفد جارہا ہے۔ کاش، ہم بھی اس میں ہوتے! ۳/ دسمبر کو مژدہ ملا کہ ہمارا نام بھی اس میں ہے۔ پاسپورٹ ہمارا ہر دم تیار ہی رہتا ہے۔ بس فارین ایکسچینج لینے کے لیے جانا پڑا۔

شام کو پانچ بجے ہم اندرا گاندھی ایئر پورٹ کے ایئر انڈیا کے کاؤنٹر پر کھڑے

ہو گئے۔ سیّد حامد صاحب اپنی مخصوص مسکراہٹ کے ساتھ ایک طرف الگ کھڑے تھے۔ ایک خاتون چہرے پر غضب کی طمانیت ، ہاتھ میں بیگ لیے بیگم حامدہ حبیب اللہ بھی تھیں۔

ع: دل نے کہا کہ لطفِ سفر ہے انھی کے ساتھ

ایئر انڈیا کی فلائٹ گیارہ بجے کے قریب بمبئی پہنچنے والی تھی اور ماریشس کی فلائٹ تین بجے تھی۔ سوتے جاگتے دہلی سے بمبئی کا سفر تمام ہوا۔ بمبئی پہنچ کر فوراً ایئر ماریشس میں آئے۔

ماریشس کا سفر بمبئی سے چھ گھنٹے کا ہے۔ وقت میں ڈیڑھ گھنٹے کا فرق ہے۔ پھر ناشتہ ،سونا ،فلم اور گیارہ بجے جہاز نے ماریشس پر لینڈ کیا۔ بہت سے لوگ ہمیں لینے آئے۔ ہمارے ساتھ لکھنؤ کے میئر گپتا جی اور ان کی بیگم صاحبہ بھی تھیں۔ گپتا جی بہت باغ و بہار انسان ہیں۔ اردو بہت اچھی طرح جانتے ہیں۔ انھوں نے کانفرنس میں جو پرچہ پڑھا، اس کا موضوع تھا ’اردو اور سیکولرزم‘ اور مشاعرہ تو انھوں نے لوٹ لیا۔

پھر ایک بہت بڑی وین میں بیٹھ کر ہم لوگ ہرے بھرے درختوں سے گزرتے، پرسکون سڑکوں سے ہوتے ، تر و تازہ ہوا اور ایک خاص طرح کی بھینی بھینی خوشبو کے احساس کے ساتھ ہوٹل پہنچے۔ میزبان نے اطلاع دی کہ چار بجے گارڈن پارٹی ہے۔ پارٹی میں سب لوگ بہت خوش تھے۔ کچھ خواتین گجراتی لباس میں تھیں بعض مغربی لباس میں اور زیادہ تر شلوار قمیص میں تھیں۔

ماریشس کی بول چال کی زبان کریول ہے۔ سرکاری زبان انگریزی ہے۔ (فرانسیسی بھی سمجھی جاتی ہے۔ ہندی اور اردو بھی سبھی تھوڑی بہت بول لیتے ہیں۔ اس پارٹی میں دو چار نوجوان خواتین ہم سے پوچھنے لگیں ”یوسف بھائی کیوں نہیں آئے؟“ چند لمحوں کو تو ہم چکرائے کہ مطلب دلیپ کمار سے ہے۔ یاد آیا کہ موصوف سے متعلق ایک کتابچہ بھی اس تقریب میں تقسیم ہوا تھا۔ اخبار میں یہ بھی دیکھا تھا کہ وہ بھی ورلڈ کانفرنس میں جا رہے

ہیں۔ پھر بیماری کی خبر بھی آئی تھی۔ ہم فوراً سنبھل گئے،''جی، ڈاکٹروں نے آرام کا مشورہ دیا ہے اس لیے۔۔۔۔۔''

صاحبو! ہے یوں کہ خاکسار کو دورانِ سفر مقامات اور مناظر سے زیادہ انسانوں اور ان کے رویّوں سے دلچسپی ہے۔

گارڈن والی پارٹی میں شہر کی ایک متمول خاتون سے ہماری ساتھی فہمیدہ بیگم کی شناسائی ہوئی تھی۔ ان کا نام شاہدہ اور کام بزنس تھا۔ ماریشس آنے والے ادیبوں، فنکاروں کی میزبانی ان کے ہاں تھی۔ سات تاریخ کو لنچ سے پہلے ہمارے ہوٹل میں گورنر صاحب اور کمشنر صاحب آنے والے تھے اور ایک میٹنگ ہوئی تھی۔ ناشتے کے بعد فہمیدہ بیگم،گلزار نقوی اور ہم شاہدہ کے ساتھ نکل گئے۔ اُس دن بازار بند تھے۔ اس شہر میں جہاں شاہدہ ہم کو لے گئی تھیں، بہت پوش علاقہ تھا۔ موسم خوش گوار تھا۔ سڑکیں صاف ستھری تھیں۔ لوگ آجا رہے تھے مگر بھیڑ بھڑ کا نہیں تھا، دھکم پیل نہیں تھی۔ ٹریفک کا شور نہیں تھا۔ خوب صورت اور صاف ستھرے بنگلا نما گھر تھے۔ ایک بڑی سی دکان کھلی تھی۔ اس کے آگے پٹری پر بھی کچھ سامان، کپڑا وغیرہ بک رہا تھا۔ ایک ادھیڑ عمر کے حضرت نے جو کوٹ پتلون میں ملبوس تھے، ہم سے پوچھا،'' آپ اُردو کی ورلڈ کانفرنس میں انڈیا سے آئی ہیں؟'' مارے خوشی کے ہمارا برا حال ہوگیا۔ تو یہاں کے کاروباری لوگ بھی اُردو ورلڈ کانفرنس اور انڈیا سے دلچسپی رکھتے ہیں! پھر وہ ہم سے پوچھنے لگے،''انڈیا میں لوگ ماریشس کے بارے میں کیا خیالات رکھتے ہیں؟'' ہم نے کہا،'' بہت اچھے، نہایت دوستانہ۔ ہم کو تو یہاں سب کچھ اپنا سا لگتا ہے'' پھر تو ان کی خوشی کا ٹھکانا نہیں تھا۔ ہم نے شاہدہ کی مدد سے کچھ خریدا بھی۔ ہم نے دکان کے مالک سے کہا،''اچھا، شکریہ۔ اب تو کانفرنس میں ملاقات ہوگی۔'' بولے۔''طلعت عزیز کے پروگرام میں آئیں گے۔ غزلیں بہت اچھی لگتی ہیں۔''

شاہدہ چاہتی تھیں کہ ہم اُن کے گھر جائیں مگر ہمیں ہوٹل پہنچنے کی جلدی تھی جہاں گورنر صاحب اور ہائی کمشنر صاحب پہنچنے والے تھے۔ راستے میں گلزار نقوی صاحب رطب اللّسان

تھے، ماریشس کے قدرتی مناظر کے، بہت اہم لوگوں کی سادگی، عام لوگوں کی گرم جوشی کے۔ان کا خیال تھا کہ وہ زبان زد خاص و عام شعر ماریشس پر صادق آتا ہے۔

اگر فردوس بر روئے زمیں است
ہمیں است و ہمیں است و ہمیں است

اب ہم جہاں سے گزر رہے تھے، ایک طرف کچھ جھونپڑی جیسے گھر تھے۔کبھی کبھی گنے کے ہرے بھرے کھیت آجاتے تھے۔ دوسری طرف لیچی کے باغ تھے۔ گھنے پیڑوں پر سرخ سرخ لیچیوں کے گچھے لٹک رہے تھے۔ باغ سے باہر سڑک کے کنارے عورتیں اور بچے بیچنے کے لیے لیچیاں لیے بیٹھے تھے۔لیچی کافی میٹھی تھی۔

ہوٹل پہنچے تو میٹنگ شروع ہوگئی تھی۔ ہائی کمشنر صاحب ماریشس کے بارے میں معلومات بہم پہنچا رہے تھے۔کانفرنس ۹/دسمبر کو شروع ہونی تھی اور ہم لوگ تین دن پہلے پہنچ گئے تھے۔کانفرنس کے منتظمین نے پروگرام اس طرح بنایا تھا کہ ہم لوگ تھوڑی دیر کو بھی یہ محسوس نہ کریں کہ ہم دیارِ غیر میں ہیں۔

ماریشس اپنے خوبصورت ساحلوں کے لیے مشہور ہے۔ دو ایک ساحل ہم نے بھی دیکھے : چوڑے چوڑے ساحل اور دور تک ٹھاٹھیں مارتا ہوا سمندر، اس دن اتوار کی وجہ سے کافی چہل پہل تھی۔ واپسی میں ہم اُس ساحل پر اُترے جہاں خواتین و حضرات اِدھر اُدھر گھوم رہے تھے۔ یہ وہ جگہ ہے جہاں زیادہ تر انگریز اور فرانسیسی لوگ رہتے ہیں۔ وہاں سے واپسی میں بوٹینیکل گارڈن گئے جہاں ہندوستانی لیڈروں کے لگائے ہوئے پودے بھی تھے۔

۹/دسمبر کو کانفرنس کا افتتاح ہوا۔کانفرنس تین دن تک جاری رہی۔زیادہ تر مقالوں میں اس کا بیورا پیش کیا گیا کہ اُردو کہاں کہاں بولی، پڑھائی اور سکھائی جاتی ہے۔تینوں دن کانفرنس کے سارے سیشن بہت کامیاب رہے۔

بارہ کی دوپہر کو ہماری روانگی تھی۔اُس دن پورٹ لوئس میں واقع اُردو انسٹی ٹیوٹ

جانا تھا جو ایک طرح سے اردو کا مرکز ہے۔ اس کے سر پرست جناب احمد صاحب ہیں۔ اس کے روحِ رواں جناب عنایت حسین عیدن ہیں۔ وہ بہت انکسار سے بتا رہے تھے کہ وہاں اردو کے فروغ میں کیا الجھنیں ہیں اور وہ ان سے کیسے نمٹتے ہیں۔

ہوٹل آ کر جلدی جلدی سامان سمیٹا اور ایئر پورٹ کی طرف چل دیے۔ اب دل میں لوگوں کی محبت کا احساس تھا اور ماریشس کے حسین مناظر دل پر نقش تھے۔

❖❖❖

سیاہ روشنی

پروین شیر

طیارہ اپنے آہنی پروں کو پھیلائے زمین کے سپاٹ سینے پر آہستہ آہستہ چل رہا تھا۔ رفتہ رفتہ اس کی رفتار تیز ہو رہی تھی۔ پھر دور تک پھیلے ہوئے رن وے سے ایک ہی جست لگا کر وہ فضاؤں میں پرواز کرنے لگا۔ اوپر ...... اور اوپر۔ زمین دور ہوتی جا رہی تھی اور چھوٹی ...... پروین اپنی سیٹ پر سر ٹکائے ہوئے اتنی بڑی زمین کو اتنی چھوٹی ہوتے ہوئے دیکھ رہی تھی۔ وہ زمین جس پر انسانی وجود ایک ذرہ ہے، وہی اب خود ذرہ بنتی جا رہی تھی۔طیارہ بادلوں کا نرم سینہ چیرتا ہوا بلند ہوتا جا رہا تھا۔ بادلوں کے سمندر میں ڈوب کر زمین لاپتا ہوگئی تھی جس سے دور یہ ایک نیا جہان تھا۔ یہ خلاؤں کا جہان تھا.... پراسرار ....خاموش آوازوں کی گونج جسے پروین سن رہی تھی۔ زمین سے دور اس نئے جہان میں آ کر دل کی عجیب کیفیت تھی جس کا کوئی نام نہ تھا۔ ایک انوکھا احساس تھا، ایک طفلانہ خواہش تھی .... کھڑکی سے بادلوں کی آغوش میں کود جانے کی۔

آج وہ طیارے میں اڑ رہی تھی اور زمین کے اس حصے پر قدم رکھنے جا رہی تھی جسے اس نے صرف تصویروں میں دیکھا تھا؛ جہاں کی سچی کہانیاں کتابوں میں پڑھی تھیں۔ جہاں کا ماضی عبرت ناک تھا، جہاں انسانوں نے انسانوں پر ظلم ڈھائے تھے، جہاں انسانیت منہ چھپائے سسک رہی تھی اور بربریت مسکرا رہی تھی۔ پروین خیالات کے سمندر میں غوطے لگا رہی تھی۔ ڈوب رہی تھی، ابھر رہی تھی۔ جوہانس برگ پہنچنے میں دس

گھنٹے باقی تھے۔ پروین کے شریکِ حیات وارث اور بیٹے فراز کی آنکھیں نیند میں ڈوبی ہوئی تھیں۔ پروین کی پلکیں بھی بوجھل ہو رہی تھیں۔ جب اس کی آنکھیں کھلیں تو منزل قریب تھی۔طیارہ نیچے اتر رہا تھا۔زمین قریب آرہی تھی۔لکیروں پر رینگتی چیونٹیاں بڑی بڑی گاڑیاں بن رہی تھیں۔ چھوٹی چھوٹی ڈبیاں عالی شان عمارتوں میں تبدیل ہو رہی تھیں۔ زمین کا سینہ پھیلتا جا رہا تھا اور پروین کے دل کی دھڑکنیں تیز ہوتی جا رہی تھیں۔ وہ اس سرزمین پر قدم رکھنے والی تھی جہاں کی مٹی کے ذرّے ذرّے میں ماضی کی دکھ بھری کہانیاں ہیں۔ وہ سرزمین جسے کہا جاتا ہے کہ ایک ملک میں ایک دنیا آباد ہے۔

طیارے نے زمین کو چھو لیا تھا۔صبح کا سورج اپنی نرم سنہری کرنوں کی چادر جوہانس برگ پر پھیلائے ہوئے تھا۔آج پروین کے قدم اس سرزمین پر تھے جہاں کتنی ہی یادوں کی بازگشت تھی۔ وہ خیالوں میں گم تجسّس اور حیرانی میں ڈوبی ہوئی تھی کہ اچانک ایک منحنی سا آدمی ایک جھنڈی جس پر 'شیر فیملی' درج تھا، لہراتا نظر آیا۔فراز اس کی طرف بڑھا اور اس شخص نے خوش آمدید کہہ کر اپنا تعارف کرایا۔وہ نرم گفتار، خوش مزاج شخص کینن تھا؛ پروین گروپ کے سیاحوں کا رہبر۔ سیدھا سادہ، نیک اور نرم دل۔ نیویارک یا شکاگو میں کالے لوگوں کا خوف دل و دماغ پر مسلط رہتا ہے۔لوگ اس علاقے میں بھی نہیں جاتے جہاں ان کی اکثریت ہوتی ہے لیکن اب اسے اس خوف پر ہنسی آرہی تھی۔ کینن کی شخصیت اور اردگرد کالوں کا جمِ غفیر، ان کے چہرے بتا رہے تھے کہ تمام انسان بنیادی طور یکساں ہیں۔ کون پیدائشی مجرم نہیں ہوتا، قاتل نہیں ہوتا بلکہ حالات کا شکار ہوتا ہے۔کینن کے ساتھ اس کے گروپ کے گیارہ سیاح وین میں بیٹھ گئے تھے۔

وین جوہانس برگ کی سڑکوں پر دوڑ رہی تھی...... ہوٹل وانڈررز کی طرف۔کینن ہاتھ میں مائیک پکڑ کر اگلی سیٹ پر بیٹھا ہوا تھا۔اس کی آواز وین میں گونج رہی تھی۔ وہ کہہ رہا تھا" جوہانس برگ میں ساؤتھ افریقہ کا سب سے پرانا اسکول ہے جو ۱۸۹۵ء میں تعمیر ہوا تھا۔نیلسن منڈیلا کے دونوں مکانات یہیں ہیں۔" وین میں بیٹھے ہوئے سیاح کینن

سے سوالات کر رہے تھے اور وہ جوابات دے رہا تھا۔" جوہانس برگ میں سونے کی کان کا پتا جارج واکر اور جارج بریسن نے لگایا تھا۔ ساؤتھ افریقہ قدرتی وسائل کی وجہ سے دولت مند ہو گیا کیوں کہ یہاں سونے اور ہیرے کے ذخائر ہیں۔ یہاں گوروں کی آبادی دس فیصد ہے۔ یہاں موسمِ سرما جولائی سے شروع ہو جاتا ہے۔" کینن بولتا جا رہا تھا۔

پروین وین کی کھڑکی سے باہر دیکھ رہی تھی۔ مکئی کے کھیت کے رنگوں سے سرور حاصل کر رہی تھی اور کینن کی آواز سے علم کے موتی چن رہی تھی۔ سویٹو کی سڑکوں پر صبح کی نرم دھوپ اپنے سنہرے پروں کو پھیلائے بیٹھی تھی۔ سڑک کے کنارے رنگ ہی رنگ تھے۔ چھوٹے چھوٹے اسٹالوں میں فنکاروں کے فن چمک رہے تھے۔ مجسّمے اور کرافٹ، مصوری اور رنگین پوشاک۔ فٹ پاتھ پر بھی چادروں پر طرح طرح کی اشیاء برائے فروخت موجود تھیں۔ لوگ مول تول کر رہے تھے۔ پروین اس دکاندار عورت کی بے بسی کو دیکھ رہی تھی جسے اپنی بقا کے لیے قیمت کم کرنی ہی تھی۔ وین کا ڈرائیور یوپا تھا۔ اس نے وین سویٹو کے ایک مفلوک الحال علاقے میں روک دی تھی۔ سب سیّاح باہر نکل کر کینن کے پیچھے پیچھے چل رہے تھے۔ گرد و غبار میں ڈوبی ہوئی کچی سڑکیں، تنگ گلیاں، بدرنگ چھوٹے چھوٹے گھر، کہیں کہیں گڑھوں میں جمع ہوا پانی۔ ننگے پاؤں بوسیدہ کپڑوں میں کھیلتے ہوئے بچے، گھر کے دروازوں پر بیٹھے چائے پیتے ہوئے گپ شپ میں مصروف لوگ جنھیں زندگی کی ڈور سے کوئی مطلب نہ تھا۔ مکانوں کے سامنے تاروں کی زنگ آلود باڑھ اور ہر گھر پر ٹین کی چھت۔ یہ علاقہ جوہانس برگ سے بیس میل دور ہے۔ اسے سویٹو کہتے ہیں۔ اپارتھائڈ کے دوران کالوں کو اسی جگہ بھیج دیا گیا تھا۔ سویٹو کا ماحول اور کچے راستے اور گلیوں سے اڑتی ہوئی گرد کے ذرّے کہہ رہے تھے کہ کس طرح وہ ملک درد کا گہوارہ بنا تھا۔ گلی کی دھول پروین کے قدموں سے لپٹ رہی تھی اور وہ سوچ رہی تھی کہ سیاحت صرف جمالیاتی ذوق کی تسکین نہیں .... کھردری بدصورتی کی آگہی کا نام بھی ہے۔

سیاحوں نے سویٹو میں ایک غریب خاندان کے خستہ حال دو کمروں کے مکان کو بھی

دیکھا جس کے در و دیوار بدحال تھے جن کا رنگ اڑا ہوا تھا۔کمزور ستونوں پر ٹین کی چھت ٹکی ہوئی تھی ایک باتھ روم صحن میں تھا جسے ہمسائے بھی استعمال کرتے تھے۔ دو کمروں کے اس گھر میں نو افراد رہ رہے تھے۔ایک چھوٹے کمرے میں بستر اور میز کے درمیان چلنے کی جگہ بھی نہیں تھی۔ چھوٹی سی کھڑکی سے روشنی بھی سہمی ہوئی سی اندر آرہی تھی۔ایک کمرہ ضعیف باپ کا تھا؛ نیم روشن چھوٹا سا پرانا بستر اور چھوٹی سی رنگ اڑی ہوئی میز تھی۔اس کمرے کے ایک کونے میں بوسیدہ کرسی پر ایک نوعمر لڑکی بیٹھی ہوئی کوئی رسالہ پڑھ رہی تھی۔ اس لڑکی کے چہرے پر پروین نے بیزاری کے آثار دیکھ لیے تھے۔ اس کی آنکھوں میں اس نے خود داری کی پرچھائیاں بھی دیکھ لی تھی۔لڑکی کے نوعمر خون میں غم وغصے کی لہریں نظر آرہی تھیں۔ پروین کا دل اس بیزار لڑکی سے بہت ساری باتیں کرنا چاہتا تھا۔ وہ لڑکی کے قریب چلی گئی۔سوال کیا،'' کیا تم یہیں رہتی ہو؟'' اس نے بہت روکھا سا جواب دیا،'' یقیناً!'' شاید اس نوجوان لڑکی کو جو صرف سولہ سال کی تھی، اپنے وجود، اپنے خاندان اور اپنے گھر کو نمائش کا سامان بنائے جانے کا شدت سے احساس تھا۔ سیاحوں کے لیے ان کی خستہ حالی، ان کی بے بسی ایک تفریح بن گئی تھی۔ دستور یہ تھا کہ سیاح ہمیشہ اس گھر کی غربت کا نظارہ کر کے انہیں کچھ اُجرت دے دیتے تھے جس سے گھر کے افراد کو کھانا نصیب ہوتا تھا۔

تمام سیاح بے نیازی سے اس گھر کے رہنے والوں کی کٹھن زندگی کو تفریحی نظروں سے دیکھ کر باہر نکل گئے تھے، کچھ پیسے دیے جو ایک رسم تھی۔مگر زندگی کے یہ تضادات پروین کے لیے معما تھے۔سب سیاح اس گھر سے یوں باہر نکل آئے جیسے کوئی دلچسپ فلم دیکھ کر سینما ہال سے باہر نکلے ہوں۔ ننگے پاؤں اور پھٹے پرانے کپڑوں میں معصوم بچے بھی سیاحوں کے پیچھے پیچھے چل رہے تھے۔شاید ان کے لیے یہ لوگ عجوبہ تھے۔ایک بچہ، تقریباً سات سال کا، فراز کے قریب آ گیا اور اس نے بلا جھجک فراز سے باتیں شروع کر دیں۔وہ فراز کے پیشے کے بارے میں پوچھ رہا تھا۔ کچے ذہن کے پختہ سوال نے

پروین کو حیران کر دیا تھا۔ پھر اس لڑکے نے کہا کہ میں وکیل بننا چاہتا ہوں۔ پروین اس معصوم کے خواب کے متعلق سن کر حیرت زدہ تھی، کچھ اداس بھی۔ اب تقریباً بیس بچوں کا جھنڈ سیاحوں کے ساتھ ساتھ چل رہا تھا۔ کینن سے اجازت لے کر پروین نے ان بچوں کے لیے چاکلیٹ اور کھلونے خریدے۔ وہ باری باری ان میں یہ سوغات بانٹ رہی تھی۔ فراز نے ان بچوں سے باتیں شروع کیں تو ایک جھنڈ چلا آیا اس کے ارد گرد۔ جیسے وہ ان کا پرانا دوست ہو۔ پروین کی آنکھیں فراز کی نرمی، رحم دلی انسانیت دیکھ کر نم ہوگئیں۔ فراز بھی بچوں کو کھلونے اور بسکٹ خرید کر دے رہا تھا۔ وہ ان کا ہیرو بن گیا تھا۔ وارث اپنے بیٹے کو فخر کے ساتھ دیکھ رہے تھے۔ پروین کے لبوں پر مسکراہٹ تھی اور اس کی پلکیں بھیگی ہوئی تھیں۔